构建中国
金融行为监管体系研究

Goujian Zhongguo
Jinrong Xingwei Jianguan Tixi Yanjiu

焦瑾璞◎著

中国金融出版社

责任编辑：张　铁
责任校对：张志文
责任印制：丁淮宾

图书在版编目（CIP）数据

构建中国金融行为监管体系研究（Goujian Zhongguo Jinrong Xingwei Jianguan Tixi Yanjiu）/焦瑾璞著．—北京：中国金融出版社，2015.9

ISBN 978 – 7 – 5049 – 8130 – 1

Ⅰ.①构…　Ⅱ.①焦…　Ⅲ.①金融监管体系—研究—中国　Ⅳ.①F832.1

中国版本图书馆 CIP 数据核字（2015）第 221439 号

出版
发行　中国金融出版社

社址　北京市丰台区益泽路 2 号
市场开发部　（010）63266347，63805472，63439533（传真）
网 上 书 店　http://www.chinafph.com
　　　　　　（010）63286832，63365686（传真）
读者服务部　（010）66070833，62568380
邮编　100071
经销　新华书店
印刷　北京松源印刷有限公司
尺寸　169 毫米 × 239 毫米
印张　14.25
字数　223 千
版次　2015 年 9 月第 1 版
印次　2015 年 9 月第 1 次印刷
定价　39.00 元
ISBN 978 – 7 – 5049 – 8130 – 1/F.7690
如出现印装错误本社负责调换　联系电话（010）63263947

前　　言

　　时光匆匆，从开始集中精力研究和论证是否在我国设立金融消费权益保护机构，到直接从事金融消费权益保护工作，一晃五年时间过去了。期间一直想就金融行为监管问题写点体会和感想，将一些资料以及研究底稿编撰成册，方便大家了解，让更多的专家学者和感兴趣的同志关注金融行为监管的研究、实践和发展。经过一年半的努力，终于完成并付诸成书，供大家批评指正。

　　国际上从 20 世纪 90 年代中期即开始金融行为监管的研究，2000 年前后是第一个理论研究和实践的高峰，英国、澳大利亚、新西兰等英联邦的主要发达国家开始实现这种监管转变，突出的表现是普遍设立了纠纷调解机构，如英国的金融申诉服务公司（FOS），同时在监管机构内部设立专门的维护市场公平竞争、诚信和消费者保护机构，加强金融行为监管。2008 年国际金融危机以来，大家在反思金融危机形成的原因时，一致认为在金融发展过程中金融消费者权益保护不足是原因之一，金融机构的欺诈、贪婪和消费者的无知、无畏等共同促进了危机的爆发。因此，世界上许多国家和地区纷纷修改旧法、制定新法，改革和完善金融监管体系，其中最重要一项就是规范金融机构行为，加强金融消费者权益保护，成立专门机构负责履行该项职责。特别是金融危机爆发源头的美国，率先成立了消费者金融保护局（CFPB），随后英国也分设了专门负责行为监管的金融行为监管局（CFA），另外有些国家或者成立专门履行金融消费者保护职能的机构，或者明确现有机构承担其职责，逐渐将金融行为监管和金融消费者权益保护作为金融监管和金融稳定目标之一。

　　改革开放以来，特别是进入新世纪以来，我国金融业快速发展，体制机制创新和业务产品创新不断，金融产品和服务进入升级换档期，特别是近年来科技和互联网技术在金融领域广泛使用，互联网金融蓬勃发展，可谓人人都是金融消费者，大家在享受现代金融服务带来方便和快捷的同时，一些侵害金融消费者权益的事例也层出不穷，诸如存款丢失现象、恶意倒卖个人金融信息、不公平合同条款、侵犯消费者的知情权等等。与此同时，我国的监管体制和监管重点，在加强审慎监管的同时，也加强了金融行为监管。2011年以来，我国"一行三会"先后设立了金融消费权益保护局、银行业消费者保护局、保险消费者保护局和证券投资者保护局，专门从事金融消费者权益保护工作。但是，由于我国金融行为监管研究和实践开始较晚，理论研究较少，实践上也是初步的，还存在诸多问题。2015年6月和7月股票市场的大幅度波动也从一个侧面说明了我国对金融机构行为研究和监管的缺失，亟需填补这一空白。

本书正是基于金融行为学的研究，结合我国金融行为监管的基本情况，分为理论篇、经验篇、实践篇和探索篇四大部分，详细论述了金融行为监管发展的背景、现状和趋势，介绍了美国、英国等主要国家的金融行为监管经验，归纳了国内金融行为监管的实践及发展，并对我国实行金融行为监管效力进行了评价，对构建我国金融行为监管体系提出了政策建议。全书结构合理，层次清楚，语言流畅，通俗易懂，是目前较全面、系统研究金融行为监管的专著，是广大理论研究者、实际工作者和高校师生的重要参考书。

当然，我们对金融行为监管的研究是初步的、不全面的，肯定有很多不足之处，敬请广大读者批评指正。

焦瑾璞

2015 年 7 月 27 日

目　　录

第一篇　理论篇

第二篇　经验篇

第三篇　实践篇

第四篇　探索篇

第一篇　理论篇

第一章 导 论

纵观国内外金融发展史，可以说金融监管与金融创新是金融市场的永恒主题。为适应、引导金融市场的发展完善，监管部门也在不断丰富监管模式。在审慎监管、功能监管的基础上，20 世纪 70 年代，美国国家保险协会在其发布的《市场行为检查手册》中正式提出行为监管的概念。1995 年，英国经济学家迈克尔·泰勒（Michael Taylor）提出金融监管的"双峰"理论，使金融行为监管正式走进人们的视野。然而，长期以来，在各国的金融监管实践中，行为监管并没有引起监管部门的足够重视，直至 2008 年国际金融危机的爆发，以金融消费权益保护为核心目标的行为监管得到业界和学术界越来越多的关注。

本章主要介绍有关行为监管的基本内容，分别从研究背景、意义、相关概念界定以及行为监管与其他监管方式的异同辨析角度进行阐述，作为全书的基础性铺垫。本章第四节还对国内外关于行为监管研究的文献进行了整理和评述，目的在于使本书的研究视野更开阔、思路更清晰，在继承的基础上更有针对性地创新。

第一节 研究金融行为监管的背景及意义

一、适应次贷危机后金融监管的新趋势

多数发达国家的金融业经营模式大致上经历了三个阶段：20 世纪 30 年代之前的自然混业经营阶段、20 世纪 30 年代到 20 世纪 70 年代的分业经营阶段、20 世纪 70 年代末开始的再度混业经营阶段。作为对经营模式的调整和规范，金融监管体制也经历了混业监管、分业监管、以混业监管为主的多种监管体制并存的变迁。混业经营体制下的金融风险具有影响范围广、传递速度

快的特点。2007 年 8 月爆发的美国次贷危机迅速扩散至世界各国，次年演变为全球性金融危机。在反思危机形成原因时，中国人民银行副行长、国家外汇管理局局长易纲（2010）认为，监管当局监管不力或监管缺失是引发金融危机的微观原因之一。[①]

2008 年 3 月 31 日，美国财政部公布的《现代化金融监管架构蓝皮书》中提出三大监管目标：市场稳定性监管（Market Stability Regulation）、审慎性金融监督（Prudential Financial Regulation）以及商业行为监管（Business Conduct Regulation）。

国际金融危机后，世界各国监管当局普遍认识到审慎监管的范围、作用与力度相对有限，实施金融消费者权益保护十分必要，纷纷设立相对独立的金融消费者保护机构或部门。美国出台了《多德—弗兰克华尔街改革与消费者保护法案》，设立消费者金融保护局（CFPB），集中行使金融消费者保护职权。英国成立金融行为监管局（FCA），作为独立机构承担金融消费者保护职能。一些发展中国家也成立了金融消费者保护机构，如马来西亚的金融调解局（FMB）、墨西哥的国家保护金融服务者委员会（CONDUSEF）、秘鲁的金融督察专员局（FOS）、塞内加尔的金融服务质量监督局（Observatoire de la Quanlité des Services Financiers）。中国香港成立了金融纠纷调解中心，中国台湾通过了"金融消费者保护法"并建立了金融消费争议评议中心。[②]

二、体现我国金融市场发展的新要求

目前，我国金融发展仍然处于相对初级阶段，以分业经营为主的金融体系结构伴随着社会主义市场经济体制建设推向纵深，市场主体意识逐步觉醒，金融创新产品裂变式出现，我国金融市场呈现出新变化。

金融衍生工具的创新打破了传统上将金融产品按银行、证券、保险产品的划分界限，跨市场、跨行业类交叉性金融产品、服务屡见不鲜，现代金融产品的复杂性使得市场微观主体经常难以正确理解产品的特征和对产品蕴含的金融风险作出正确评估，从而无法基于审慎的判断作出交易决策，甚至落

---

① 易纲：《关于国际金融危机的反思与启示》，载《求是》，2010（20）：33 – 35 页。
② 王华庆：《关于金融消费权益保护的思考》，载《金融时报》，2011 – 11 – 20，001。

入欺诈陷阱。特别是以金融控股公司为代表的金融集团化经营模式，使各种金融业务联系更为紧密，而我国现有的机构型分业监管难以有效应对这一趋势，无法充分保障普通金融消费者权益，需要在制度设计上进行创新。适应加强金融消费者权益保护的需要，2012年全国金融工作会议明确提出："把金融消费者权益放在更加突出位置，加强制度和组织机构建设，加强金融消费者教育，为金融消费者提供高水平的信息咨询服务，积极开展金融知识普及宣传工作，提高金融消费者的安全意识和自我保护能力。"在此之前的2011年4月和5月，中国保监会和中国证监会分别成立了保险消费者权益保护局和投资者保护局。2012年3月，中国人民银行成立金融消费权益保护局，同时中国银监会成立银行业消费者权益保护局。2013年8月，国务院批准建立由中国人民银行牵头的金融监管协调部际联席会议制度，承担货币政策与金融监管政策、金融监管政策与法律法规之间的协调、交叉性金融产品以及跨市场金融创新的协调等职责。①

随着中国经济的进一步发展，人们对于金融产品和服务的多样性需求日益增长，金融体系必将更为开放，金融市场也将更为活跃，从而对金融监管提出了更高的要求，除了深化侧重于指标管控、综合评价和类别监管的风险管理之外，还需加强对金融机构的行为管控和问题评价，采取有效手段应对机构治理行为失效。为应对金融业快速发展对金融监管提出的新要求，加快行为监管制度建设就显得十分必要和迫切了。

三、助力实体经济融资需求的新思维

在传统金融框架内，金融机构客户要求门槛较高，融资难、融资贵是长期以来制约中小企业发展的瓶颈。一边是监管当局基于审慎目的对商业银行贷款"通道"业务的限制和叫停，另一边却是市场上不断涌现的规避监管式的"伪创新"产品，被监管对象引入更多的金融中介环节以逃避监管，中小企业融资成本越发高企。

近年来迅速崛起的互联网金融为中小企业提供了一个通过互联网进行直接融资的新渠道。互联网金融在解决信息不对称、降低交易成本、挖掘潜在

---

① 摘选自《国务院关于同意建立金融监管协调部际联席会议制度的批复》，2013 - 08。

资金供需双方上具有独特优势，大幅提高了资金在时间、空间上的配置效率，满足了中小企业在传统融资渠道中难以实现的融资需求。

互联网金融本是为增加金融消费品的供应，服务于投融资双方，现实中却在不断上演侵害金融消费者权益的事件，导致公众与社会各界对监管部门、金融机构和市场融资活动参与者的信任下降。此外，互联网金融消费品具有投资门槛低、涉及人数广、投资者年轻化的特点，若有效的监管不能及时跟上，更易引发系统性金融风险，以互联网金融为代表的融资创新方式需要新的、适应其特点的监管方式以引导和促进其健康发展。

2015 年 1 月，中国银监会宣布进行机构调整，设立银行业普惠金融工作部，P2P 归属至该部门监管。2015 年 3 月，中国人民银行行长周小川在十二届全国人大三次会议记者会上谈及互联网金融，透露互联网金融监管文件的基本思路，主要表现为支持、促进互联网金融的发展，对其给予适度监管。

与审慎监管不同，行为监管关注的更多是金融机构的行为表现与行为动作，是从机构行为、投资行为、交易行为与监管行为等多个角度，对市场行为进行全方位综合治理与行政监管的一种"抓源头管理"的举措，具有前瞻性、引导性的特点，其涵盖面更广，一定程度上扩大了审慎监管的覆盖范围。审慎监管对于创新金融业态往往存在着监管过度或缺位，在构建完备的金融监管体系过程中，只有增加行为监管而不只是考量主体资格，才能解决当前对持照经营机构监管过度而对非持照经营机构监管不到的尴尬现象。行为监管的补位有利于促进整个行业稳定健康发展，涌现更多更好的金融产品和服务，助力实体经济融资需求的实现。

四、维护金融体系稳定、有效和公平的新视角

经济学中把具有效用不可分割性、消费非竞争性和受益非排他性特征的物品定义为公共品。立足于上述角度，一个稳定、有效和公平的金融体系可被看作是一个公共品。原因如下：首先，一个稳定、公平而有效的金融体系所提供的便利与信心可由任何人尽享，其效用是不可分割的。其次，任何人在享受上述好处的同时及以后，不会妨碍他人从中享受相同的好处，其消费是非竞争的。最后，稳定、公平而有效的金融体系为市场参与者提供了一个良好的融资环境，各市场主体合理的投融资从中得到最大限度的满足，对于

众多的市场参与者而言，无法从技术上采取收费的方法把拒绝付费的人排除在外，其受益是非排他的。作为公共品，往往会面临难以避免的"免费搭乘者"问题，即对于这一物品，人们虽有内在的消费动力，但却得不到有效的激励为其提供作出贡献。稳定和有效的金融体系这一公共品也是如此，例如，由于逐利冲动，金融机构的业务违背审慎经营原则、过分冒险等，都会造成金融体系的漏洞和不完善之处，导致这一公共品的提供不足。这也意味着存在帕累托改进的空间，这时通过金融监管来维护这样一个体系是有其客观性和社会效益的。

行为监管对商业银行等金融机构、互联网金融平台等从事投融资活动的主体经营实务中的具体行为提出规范性要求，通过鼓励信息生产和缓解信息不对称来降低集体非理性行为，从而保障稳定、有效、公平的金融体系这一公共品的提供。

五、遵循金融监管规律的新思路

可以说，基本上所有关于互联网金融监管的激烈讨论，其实质是金融创新与现存金融监管之间的冲突，这既说明了监管真空的存在，也是监管创新的契机。我国金融衍生品市场乃至整个金融市场都不发达，现有的以审慎监管为主的分业监管模式易采取叫停、禁止等相对简单的应对方式，虽然避免了类似于美国金融市场的高风险，但是也严重制约了金融市场的创新能力，造成金融产品和服务供给不足，实体经济和金融消费者的需求难以得到充分满足。还必须看到的是，在金融全球化的背景下，过度管制很容易削弱本国金融体系的竞争力和吸引力，导致金融资源的外流，因此，不能因担心市场风险而阻碍金融创新，相反，必须将金融创新的主导权还给市场。另外，分业监管下的人为干预造成的市场割裂也意味着信息的割裂，导致交叉监管和监管真空并存，影响金融监管有效性。

综观成熟市场国家的基本做法，过去几十年进行的监管创新都遵循了一个核心原则，即加强各机构之间的合作与信息共享，同时建立宏观审慎、微观审慎和行为（加强消费者保护）监管。这种应对复杂金融市场作出的监管创新值得我国借鉴。在行为监管与审慎监管互不独立的情况下，相关监管职能往往散落于多家监管机构之中，制约了监管合力的形成，行为监管机构或部门的设立并发挥实际效用,有利于提升监管的专业性和有效性。

各国实践证明,金融监管应随着市场的完善程度、信用发展程度、金融风险的强弱程度等因素随时进行创新发展,绝不能让监管的创新滞后于市场的创新。

第二节　在我国实施金融行为监管的目的

一、吸取美国等西方国家的教训,预防同类金融危机

1929—1933 年,美国爆发了资本主义现代史上第一次金融危机。此次危机后,美国建立了卡特尔经营体制,经营模式由自然混业经营转变为分业经营。到了 20 世纪六七十年代,由于科技进步,互联网技术尤其是通讯技术的发展,金融机构之间逐渐破除分业经营,出现混业经营的诉求,新自由主义得到全面复兴。20 世纪 70 年代中期,美国等西方国家开展了一系列政治运动和法律改革,旨在破除各种特定管制。以私有化、市场化和自由化为目标的"华盛顿共识"在西方国家和拉美地区迅速推行。到了 20 世纪 80 年代,电子计算机技术和通讯新技术在金融领域的广泛运用刺激了金融创新和结构调整,金融自由化的进程大大加快。20 世纪 90 年代中期以后,发达国家的金融系统呈现趋同化的迹象,各国国内的金融市场与国际金融市场之间的联系愈加紧密,相互间的影响日益增大。[1]

次贷危机的爆发证明了过度强调效率,片面强调市场在资源配置中的作用,必然会促使市场主体无限度地逐利导致风险放大,破坏系统稳定性,危及金融安全。政府必须要做好市场守夜人角色,进行适度干预。在资本市场高度发达的美国等发达国家,资产证券化带来一系列复杂的金融衍生产品。由于信息的不对称,普通金融消费者既没有充分的资料,也没有足够的专业知识对产品风险进行判断,因而不得不依赖信用评级机构的评级结果来进行

---

[1]　张学波、吴保根:《金融创新与银行监管的关系研究》,载《开发研究》,2009（3）:72 - 75 页。

投资决策。[1] 但信用评级机构由于种种原因，对次贷风险反应迟钝，未能发挥应有的风险预警作用，这也表明了监管的缺失。因此危机过后对评级机构的监管更为严格。

在金融危机发生之前，美国金融业经历了从混业经营走向分业经营，再回归混业经营的历程，并已完成从机构监管向功能监管的转变。我国经过三十多年的改革开放，为建立社会主义市场经济体制奠定了良好的基础。我国正处于由分业经营向混业经营的过渡阶段，市场化改革仍需要进一步推进，目前仍实行"一行三会"的机构监管架构。西方国家在发展过程中已经遇到的问题很可能就是我们即将面临的问题，它们应对危机的做法对于我国具有借鉴意义。

二、完善我国金融监管体系

我国现有的金融监管模式已经开始显现出不能充分应对金融市场发展的新趋势。具体表现有：重复监管和监管真空在某些领域长期存在，监管效率低、监管存在滞后性的情况也不时发生，针对一些前沿性的金融创新，前瞻性的事前监管缺位，往往等到问题出现后再采取应急性的事后补救措施。

而一旦监管缺位，对某些金融工具的创新若不能及时有效引导，在互联网推动、金融产品互相渗透、交叉性传导机制的作用下，有可能带来侵害大量普通金融消费者权益的情形，甚至产生区域性、系统性的金融危机。随着各国金融市场联系越来越紧密，彼此之间的影响越来越大，一个地区金融危机的爆发将会影响相关国家或地区乃至全世界经济的稳定与发展。

在监管体制尚未完善，审慎监管作用发挥受限的情况下，实施行为监管以保障金融消费者的利益显得尤为必要。行为监管作为审慎监管的补充，可以提高金融消费者对市场的信心，维护市场稳定性，将危机消灭在实际形成之前，这将极大降低金融发展过程中的试错成本。

三、增强金融机构自身竞争力

微观审慎监管的对象是单个金融机构，目标是维护个体机构的稳定运行，

---

[1] 张强、张宝：《次贷危机视角下对信用评级机构监管的重新思考》，载《中央财经大学学报》，2009（5）：22-27页。

促进其健康发展。然而，金融消费者对金融商品和服务的需求是金融机构的发展之本。随着影子银行体系的不断发展，民营资本的流入和互联网金融的兴起使得货币市场和资本市场的竞争更加激烈。在行为监管的约束之下，重点关注金融消费者权益的理念将使金融机构经营态势及声誉得以提升，使金融消费者对金融消费和金融市场的信心增加，更有倾向将资金交于金融机构流入实体经济，大幅提高市场活跃度。消费需求的增加客观上促进了金融机构的发展。

2007 年以后中国金融市场全面对外资开放，尽管进入中国的外资银行受到中国法律的限制实行分业经营，但多数外资银行的母行实际上是混业经营，与实行分业经营的中资银行相比具有先天的优势。① 行为监管可以做到不论分业混业，以同一个监管标准从维护整个金融市场有序竞争的角度监管金融机构行为，强调信息透明度监管。功能监管的协调性特征同样可以在行为监管中体现，有利于推动综合经营，做大做强金融控股集团，增强金融机构在本国市场的竞争力。

合规合法经营是金融机构存在和发展的根本前提，也是金融业安全稳健运行的关键所在。行为监管对市场参与主体和资金进行监管，加强金融业的合规管理工作，能够有效防范金融业合规风险及由此而引发的信用风险、市场风险、操作风险等其他风险，保障金融机构的稳健经营，促进金融业持续健康发展。

四、促进金融市场繁荣

金融全球化是经济全球化的重要组成部分。金融业务全球化、金融机构全球化、金融市场一体化导致金融风险扩大化，这就需要金融监管的国际化来加以约束和保障。在分业监管体制下，我国金融监管大都实行业务审批全过程监管，当不同金融机构业务交叉时，一项新业务的推出需要经过多个部门长时间的协调才能完成，存在较高的协调成本。此外，如果金融监管只关注金融机构的利益诉求而忽视了对消费者利益的切实保护，就会挫伤消费者

---

① 张天祀：《我国金融监管体制改革的目标及路径选择》，载《中国金融》，2009（18）：71 - 72页。

的金融消费热情而使金融业发展失去广泛的公众基础和社会支持。所以，要使中国在国际金融市场竞争中有所作为，就必须对消费者金融产品和服务市场实行严格监管，促进这些产品透明、公平、合理，使消费者获得充分的有关金融产品与服务的信息。①

行为监管有助于金融安全、金融效率以及金融消费者保护维持平衡状态，有效的监管能够增强金融消费者的信心，不断推动金融业深化改革，促进金融市场繁荣，进而推动我国金融全球化的发展，向金融大国和金融强国的方向迈进。

五、提升金融服务质量

我国金融监管是从行业管理演变而来的，监管目标定位于维护行业体系稳定，更多关注行业发展与风险防范，对象是金融机构，难免会带有一些行业管理色彩，有时还扮演行业利益维护者角色，对消费者权益保护关注相对不够。加快转变经济发展方式，就有必要加快推进监管转型，监管者要淡出行业管理，强化消费者权益保护。加强金融消费者保护是经济金融发展到一定程度的必然要求。② 在以人为本的思想下，金融机构、金融市场的发展最终是为了让金融消费者享受安全、高效的金融服务，提高金融消费者满意度实际上也是金融企业的社会责任之一。

金融机构和金融消费者间存在着无法避免的地位不平等，对金融消费者不公平或不公正是一些过度创新的结构化衍生产品本身所固有的属性，通过行为监管对金融机构自身观念加以调整有助于从根源解决问题。只有金融机构将保护金融消费者利益融入公司治理和企业文化建设当中，培育尊重和公正、平等对待金融消费者的金融伦理和文化，坚守金融职业道德，积极建立健全金融消费者保护机制，才能提升金融服务质量，从根本上减少侵害金融消费者权益的行为出现。

行为监管的核心是维护金融消费者的利益，保障并增强金融消费者信心。

---

① 耿忠：《危机后全球金融监管改革及中国政策选择》，载《经济师》，2012（11）：185 - 187页。

② 尚福林：《保护金融消费者权益是监管者的重要使命》，载《人民日报》，2013 - 02 - 05，012。

相比于审慎监管对有可能危害金融安全的金融机构进行监管和处罚，行为监管则更着眼于保护购买或投资金融产品的消费者，使金融消费者的地位更加受到重视，权益得到全方位保障，改善了审慎监管模式下金融机构忽视金融消费者的用户体验，只为追求效率和自身经营业绩的状况。

六、培养风险及维权意识

行为监管对金融消费者的风险意识及维权意识的关注和教育，目的在于提高金融消费者自我保护的能力。"一行三会"内设的金融消费者权益保护部门，通过加强金融消费者教育工作，开展金融知识普及宣传活动，为金融消费者提供专业的信息咨询服务，提高了金融消费者的安全意识。金融机构也应注重开展金融消费者教育活动，普及金融知识，提高公众对金融产品、服务及其内涵和风险的理解，引导和培育公众的金融风险意识和保护自身权益的意识。

完备的金融消费者保护措施是发达国家金融体系的共同特征，也是构成金融体系国际竞争力的重要因素。从表面上看，金融机构与金融消费者是平等的民事主体关系，但实际上，由于话语权差异以及信息不对称等，消费者处于明显的弱势地位，金融机构更容易对监管机构进行"监管俘获"，对消费者的权益构成侵害。相对独立的行为监管可以从金融消费者角度考量问题，加强对金融消费者的倾斜性保护，进而构建金融机构与金融消费者事实上的平等关系，实现金融市场上的公平与正义。

第三节　相关概念界定与辨析

一、与金融监管相关的基本概念界定

（一）金融机构、金融消费者、金融消费品

1. 金融机构

金融机构指依法设立的从事金融业务的银行业金融机构、证券期货业金融机构、保险公司及其他保险组织。①

上述金融机构的概念来源于中国人民银行2013年5月公布的《中国人民银行金融消费权益保护工作管理办法（试行）》。显然，此为金融机构的最狭义概念。该办法作为人民银行开展金融消费权益保护工作的主要依据，在开展金融消费权益保护工作的初期，出于监管可行性的考虑，将金融机构的概念限定于银行业金融机构、证券期货业金融机构、保险公司及其他保险组织是恰当的。

2009年11月，中国人民银行发布的《金融机构编码规范》首次明确了我国金融机构涵盖范围，界定了各类金融机构具体组成，包括货币当局、监管当局、银行、城市信用合作社、农村信用合作社、农村合作银行、农村商业银行、村镇银行、农村资金互助社、财务公司、信托公司、金融资产管理公司、金融租赁公司、汽车金融公司、贷款公司、货币经纪公司、证券公司、证券投资基金管理公司、期货公司、投资咨询公司、财产保险公司、人身保险公司、再保险公司、保险资产管理公司、保险经纪公司、保险代理公司、保险公估公司、企业年金、交易所、登记结算类机构、金融控股公司、小额贷款公司32类金融机构类型。

然而，随着经济和金融市场的发展，尤其是2014年以来互联网金融的迅速崛起，金融机构的概念外延不断延伸。本书认为，所有涉及资金往来、从事具有保值增值等金融功能的企业和机构都可以被称作准金融机构或类金融机构。

2. 金融消费者

2006年12月，中国银监会颁布的《商业银行金融创新指引》中第一次在法律领域内提出了金融消费者这一概念，该指引第四条规定："金融创新是商业银行以客户为中心，以市场为导向，不断提高自主创新能力和风险管理能力，有效提升核心竞争力，更好地满足金融消费者和投资者日益增长的需求，实现可持续发展战略的重要组成部分。"但在该指引中并未对金融消费者这一名词进行详细的概念界定。

按照《中国人民银行金融消费权益保护工作管理办法（试行）》的定义，

① 引自《中国人民银行金融消费权益保护工作管理办法（试行）》，2013-05。

金融消费者指在中华人民共和国境内购买、使用金融机构销售的金融产品或接受金融机构提供的金融服务的自然人。[①] 可以看到，此处将金融消费品定义为金融机构销售的金融产品或金融机构提供的金融服务，根据前文对金融机构概念的分析，金融消费品所涵盖的范围也不仅限于上述定义，而应更宽泛地包括其他准金融机构或类金融机构发行、销售的带有保值增值预期的投融资产品和相关服务。一般来说，金融消费者权益包括安全权、知悉权、选择权、公平交易权、索赔权、结社权、受教育权、监督权等各项合法权益。

3. 金融消费品

在金融消费者中，我们已给出金融消费品的概念，即由金融机构及其他类金融机构或准金融机构发行、销售的带有保值增值预期的投融资产品和提供的相关服务。金融消费品具有无形性、专业性、高风险性[②]、分散性。

（1）无形性：金融信息和服务构成了金融消费品的实质内容，这使得金融消费品生而具有无形性。由于金融消费品没有可供评定其价值的外形和质地等要素，消费者无法像对一般消费品一样直观看到有形的消费对象，消费者的交易判断完全依赖于金融机构一方所提供的相关信息。

（2）专业性：金融消费品相对于普通消费品构成更为复杂。如其风险形式、费用构成、利润结构、提前退出的惩罚机制、税费负担等各方面都有较高的专业性壁垒。即使金融机构一方提供了金融产品的所有信息，但如果大量采用晦涩难懂的专业术语，金融消费者也很难真正识别金融产品内在的风险。

（3）高风险性：金融消费品又是关于金钱的一类特殊商品，具有收益性及相伴而生的风险性，其本身具有盈利性需求并追求收益最大化。金融产品收益性的大小通过收益率来衡量。以金融衍生产品为例，多是通过杠杆交易以小博大，在交易时只需交付少量保证金即可签订大额交易，从而成为高收益金融产品的代表。高收益意味着高风险。高风险产品的收益保障较之普通金融消费更弱，消费者的收益期待不是全部能满足。不同的金融消费者的风险好恶不同，风险承担能力也不同。如果缺乏必要的风险意识或有关风险的

---

① 引自《中国人民银行金融消费权益保护工作管理办法（试行）》，2013 – 05。
② 何颖：《论金融消费者保护的立法原则》，载《法学》，2010（2）：48 – 55 页。

信息，金融消费者则极易遭受损失。

（4）分散性：金融消费品的消费者具有分散性的特点。对于同一个金融产品或服务，资金募集或涉及的对象可能成千上万，一旦发生风险，受到影响的人数远超普通商品的消费者，易在人群中引发恐慌，甚至影响社会稳定。虽然金融消费品具有保值增值的特点，但金融消费者投资购买金融消费品主要是为了个人或家庭对于未来的生活性消费，既不同于专业的金融投资机构高风险高利润的投资行为，也不同于一般消费者的购买使用目的，因而金融消费品有更强的安全性需求。①

（二）金融监管、监管套利

1. 金融监管

对于金融监管的定义有很多种表述，在此我们选用经典教科书里的概念，金融监管是指一个国家（地区）的中央银行或其他金融监督管理当局依据国家法律法规的授权，对金融业实施监督管理。中央银行或其他金融监管当局是监管的主体。金融监管的含义有广义和狭义之分。后者仅包括一国（地区）中央银行或其他金融监管当局的监管。前者除包括一国（地区）中央银行或其他金融监管当局对金融体系的监管以外，还包括各金融机构的内部控制、同业自律性组织的监管、社会中介组织的监管等。②

2. 监管套利

金融监管套利是金融机构基于金融监管制度差异而进行降低净监管负担的行为。监管套利的实质是通过对监管漏洞的利用，以图获取超额收益。实现套利的前提是存在监管差异，即对于不同的监管者采用的监管标准不一致。由于原有监管制度被规避，监管者要不断地根据监管套利修改监管制度，而且要结合具体的经济金融状况，选择放松监管或收紧监管。监管套利增加了金融机构的道德风险，金融机构可能会暂时逃避社会和监管部门的监督进行高风险的金融活动。③

---

① 刘恺：《金融消费者概念辨析》，载《时代金融》，2013（18）：284 - 285 页。
② 郭田勇：《金融监管学》，3 页，北京，中国金融出版社，2014。
③ 张金城、李成：《金融监管国际合作失衡下的监管套利理论透析》，载《国际金融研究》，2011（8）：56 - 65 页。

（三）审慎监管、行为监管

1. 审慎监管

审慎监管是指为了维护金融系统的安全稳定，以比率监管、内部控制等作为运营条件，以风险高低作为筛选标准的一种监管理念与做法。[①] 一般又分为宏观审慎和微观审慎两大类。

宏观审慎监管通过对风险相关性的分析、对系统重要性机构的监管来防范和化解系统性风险，它是保障整个金融体系良好运作、避免经济经历重大损失的一种审慎监管模式。宏观审慎监管涉及两个维度：第一，时间维度，考察的是系统的总体风险随时间如何发展；第二，横截面维度，指在特定时间内风险如何在金融体系中的各金融机构之间分布和相互作用。宏观审慎监管当局在约束金融机构过度风险承担行为的同时，运用自由裁量制度实施自上而下的干预，实现监管力度与单个金融机构对系统性风险影响程度相匹配，对那些造成较大影响的机构应采取更严格的监管标准。[②] 宏观审慎监管包括风险监管，即根据金融体系和金融机构的风险而制定具有强制效力的风险规避措施。[③]

严格意义上的微观审慎监管始于 1997 年巴塞尔银行监管委员会发布的《有效银行监管的核心原则》，包括中国人民银行在内的国际上有关中央银行制定了该原则。金融监管机构要求商业银行遵守资本充足率、资产质量、贷款损失准备金、风险集中度、关联交易、资产流动性、风险管理、内部控制等审慎经营的监管指标和要求，并定期组织现场检查，监测、评估其风险状况，及时进行风险预警和处置，以规范金融机构风险承担行为。国际证券业、保险业有关委员会也颁布了类似的审慎经营监管原则。[④]

微观审慎监管还包括资格监管，即金融机构只有在资本充足性、资产安

---

① 巴曙松、王璟怡、杜婧：《从微观审慎到宏观审慎：危机下的银行监管启示》，载《国际金融研究》，2010（5）：83-89页。

② 巴曙松、王璟怡、杜婧：《从微观审慎到宏观审慎：危机下的银行监管启示》，载《国际金融研究》，2010（5）：83-89页。

③ 吕明晓：《通过制度安排来改进金融监管》，载《杭州金融研修学院学报》，2004（6）：62-64页。

④ 王华庆：　《论行为监管与审慎监管的关系》，载《中国银行业》，2014（5），http://www.zgyhy.com.cn/hangye/2014-06-16/821.html。

全性、资产流动性、内控有效性等指标达到一定的程度后，才可以准入并从事对应的交易，如果指标不符，则可以对其采取警告、限期整顿、责令退出等处罚手段。

2. 行为监管

行为监管植根于"双峰"理论，着重于金融系统稳定和消费者权益保障两大目标，是指监管机构为保护金融消费者权益，对金融机构在经营实务中的服务行为以及金融消费者在购买或使用金融消费品过程中的消费行为实施的动态监管过程。这一监管方式从维护整个金融市场有序竞争角度监管金融机构行为，强调主动干预，强调信息透明度监管。

（四）功能监管、机构监管[①]

金融监管模式是指监管机构确定被监管对象的标准，一般可分为功能监管和机构监管。

1. 功能监管

按照经营业务的性质来划分监管对象，如银行业务、证券基金业务、保险业务等。某一类业务由一个监管部门监管，不管从事这些业务经营的金融机构性质如何。功能监管是基于金融体系基本功能而设计的监管架构，能实施跨产品、跨机构、跨市场协调的监管。代表国家为意大利、法国等。

2. 机构监管

按照不同机构来划分监管对象，如银行机构、证券机构、保险机构、信托机构等。机构监管的基本框架是：银行、证券、保险三大主要金融领域分别设立专业监管机构，负责各自下辖机构的全面监管（包括审慎监管和市场行为监管）。代表国家为中国、墨西哥等。

（五）分业监管、集中监管（混业监管/综合监管/统一监管）、不完全集中监管[②]

金融监管体制是指由金融监管模式决定的监管组织机构设置，往往与金融业经营体制有一定的联系。与分业经营和混业经营的金融业经营模式相对

---

① 本部分名词解释参考郭田勇主编：《金融监管学》，68－69 页，北京，中国金融出版社，2014。

② 本部分名词解释参考自郭田勇主编：《金融监管学》，69 页，北京，中国金融出版社，2014。

应，金融监管体制也有分业监管体制和集中监管体制（混业监管体制/综合监管体制/统一监管体制）。另外还有一种是介于完全分业监管和完全集中监管之间的过渡模式，称为不完全集中监管体制。

1. 分业监管体制

在银行、证券和保险领域内分别设置独立的监管机构，专门负责本领域的监管，包括审慎监管和业务监管。代表国家有德国、波兰、中国等。

2. 集中监管体制

集中监管体制也称为混业监管体制或综合监管体制、统一监管体制，只设一个统一的金融监管机构，对金融机构、金融市场和金融业务进行全面的监管，监管机构可能是中央银行，也可能是其他专设监管机构。代表国家有日本、韩国和新加坡等。

3. 不完全集中监管体制

不完全集中监管体制也称为不完全综合/统一监管，介于分业监管体制和集中监管体制之间，包括牵头监管体制、"双峰"监管体制模式等。牵头监管体制是指在分业监管机构之上设置一个牵头监管机构，负责不同监管机构之间的协调工作。代表国家有巴西等。"双峰"监管体制是依据金融监管目标设置两类监管机构，一类负责审慎监管，以控制金融业的系统性风险；另一类负责行为监管，以规范金融经营行为，维护正常的金融与经济秩序。代表国家有澳大利亚等。

二、行为监管与相关概念辨析

作为一种新的监管方式，行为监管有其自身特点和逻辑。但作为金融监管模式的一种，它又与其他监管模式有相似或相通之处。

（一）行为监管与审慎监管

审慎监管的立足点是保护金融机构的安全，行为监管的立足点则是保护金融消费者的权益，两者看似对立，实则统一，消费者权益如果得不到切实维护，最终将酝酿成金融风险，从而危及金融机构的安全。在具体实践中，行为监管的一部分功能还可以视作审慎监管的延伸。可以说，行为监管更加强调监管部门的前瞻性、主动性、引导性，不仅推动风险监管关口前移，而且深化了审慎监管层次。

　　审慎监管和行为监管关系的变化，反映的不仅仅是监管机构监管思想的变化，更是一个经济体金融体系的优化过程。行为监管的目标不是打造一个或几个代表金融消费者的权益保护机构，而是构造一个新的金融秩序，让广大金融消费者有能力、有权力、有条件最大限度地参与金融业务、受益金融发展，从而形成金融促进社会福利最大化、社会地位均等化的金融机制。

　　（二）行为监管与产品监管

　　行为监管从金融消费者角度出发，侧重于加强信息披露，监管具体销售行为是否合规，是否最终充分保障了消费者的应有权益。产品监管则着眼于产品本身，关注产品自身的缺陷或优势，核心在于把握产品设计的逻辑，无论是前期金融产品的设计、投资者教育，还是金融产品的销售、退出，对产品进入市场到退出市场的全部流程进行监管。产品监管主要着眼于产品本身的特征，以产品前置审批、事后补救为主要手段，最为关注的是产品在现有规则下设立的可行性和合规性，而非产品是否真正满足消费者需求，符合消费者权益保护原则。行为监管则要求金融机构不能只注重盈利性和自身的安全性，还要兼顾金融消费者权益保护，金融产品在市场主体独立决策后，还要向有关部门作出说明，明确产品没有对金融消费者有失公允。

　　（三）行为监管与机构监管、功能监管

　　行为监管与机构监管、功能监管是金融监管在不同维度上的划分，目的都是为了维护金融市场的稳定。机构监管和功能监管是根据被监管对象的分类方式而划分出的两种金融监管模式。机构监管按机构类别划分监管对象，如我国在银行、证券、保险三大主要金融领域分别设立专业监管机构，负责各自下辖机构的全面监管。功能监管按照经营业务的性质来划分监管对象，某一类业务都是由一个监管部门监管，不管从事这些业务经营的金融机构性质如何。行为监管的监管对象为金融机构在所有经营实务中的服务行为，以及金融消费者在购买或使用金融消费品过程中的消费行为，具有跨产品、跨机构的特征。

第四节　行为监管研究评述

一、行为监管国内外研究综述

国内外行为监管的现有研究文献比较丰富，归纳为按行业类型、消费者权益保护、互联网金融等八个方面的研究。

（一）行业类型角度

1. 证券市场

吴风云（2002）从经济学的角度对证券市场监管制度进行了基础性研究，建立了一个对证券市场监管较为系统和规范的理论分析框架，弥补了证券市场监管研究在经济学和法学方面的某些空白。他认为，我国证券市场在建立和发展过程中受到各种因素的制约和影响，也暴露出了不少问题，包括证券市场功能错位、法律体系不完善、监管理念异化、信用环境受到破坏、市场欺诈没有有效根治等。因此，我国要着力通过规范促发展、在发展中完善规范。[①]

Sirri 和 Erik（2004）分析了证券公司的一些经营行为，并从规模经济的角度阐述了证券公司违规行为的动机。他们的分析表明，如果证券公司不能达到一定的规模，无法发挥规模经济优势，在市场竞争中将处于不利地位，这有可能给公司造成不当激励，产生违规行为。[②]

巴曙松（2005）认为，随着中国金融市场的发展，跨市场金融产品不断发展，横跨多个领域的金融控股公司不断兴起，现有的金融监管机构之间建立紧密的协调机制更为重要，这不仅是国际发展的趋势，也是我国金融市场发展的要求。[③]

杨柏（2006）对证券市场的欺诈行为进行了分析，建立证券欺诈行为监管模型，通过博弈分析提出一方面要加大对证券欺诈行为的处罚力度；另一

---

① 吴风云：《证券市场监管论》，四川大学博士论文，2002。
② 转引自彭婧妮：《对证券公司违规行为监管的分析》，复旦大学硕士论文，2012。
③ 巴曙松：《分立的金融监管岂能"各管一段"》，载《中国经济周刊》，2005（6）：24 页。

方面要加大对证券监管者的奖惩力度，切实调动起监管者的积极性。[①]

彭婧妮（2012）认为，证券市场存在着其他市场普遍存在的市场失灵，如外部性导致的金融风险和泡沫，由于信息不对称导致的道德风险和逆向选择，以及资金雄厚的投资者操纵股价导致的价格扭曲等。作者通过分析监管机构和证券公司的支付函数，指出引导证券公司规范运营的关键在于提高监管技术、加大监管力度和违规惩罚力度、推进信息公开、发动群众监督、建立针对监管者的监管机制等。[②]

张成虎、赵燕、李淑彪（2013）从理论研究和体系发展建设两个方面梳理并评析了我国证券市场操纵监管的实践，提出改善我国反操纵行动实施成效的若干建议，主张继续加强以经济学为主体的跨学科的反操纵理论研究，注重对操纵行为的实证分析，并加快反操纵制度体系的创新步伐。[③]

2. 保险市场

郭旭红、张红（2003）针对如何改进保险市场行为监管的效果进行了博弈分析。他们认为，为了提高市场行为监管效果，一是要积极探索节约监督成本的有效途径，力求降低保险监管成本，提高保险监管效率。二是要切实进行监督考评制度创新，完善对保险监管人员的监督体系。三是通过加大合规经营收益与违规经营成本之间的差额，提高市场行为监管的执行效果。[④]

肖涛（2011）通过专家咨询、隶属度分析等方法，初步建立了一套符合我国服务型、创新型政府要求的区域保险市场监管绩效评价指标体系，并得出结果：考察评价区域保险业的发展绩效，不能简单地用保费收入法、保险密度法等传统方法，而必须与当地经济和社会发展相适应。[⑤]

赵芳喜（2012）在分析了保险市场的各种突出问题以及保险消费者权益

①　杨柏：《对证券市场欺诈行为监管的博弈分析》，载《重庆大学学报（自然科学版）》，2006（5）：142 - 145 页。

②　彭婧妮：《对证券公司违规行为监管的分析》，复旦大学硕士论文，2012。

③　张成虎、赵燕、李淑彪：《中国证券市场操纵及监管实践：评述与建议》载《人文杂志》，2013（2）：35 - 44 页。

④　郭旭红、张红：《改进保险市场行为监管效果的博弈分析》，载《金融与经济》，2003（8）：8 - 9 页。

⑤　肖涛：《区域保险市场监管绩效评价指标体系构建》，载中国保险学会《中国保险学会学术年会入选文集 2011（理论卷）》：371 - 387 页。

保护现状的基础上，提出要加强保险市场的行为监管，保护消费者的权益。他认为首先要完善保险市场的法律框架，对保险消费者进行投资教育，重点抓好保险监管的制度建设，关注重点领域的重要问题，切实保护消费者权益。①

魏丽娜（2012）通过对比各国保险市场监管模式的选择和发展经验，提出要完善我国保险模式发展架构，加强保险监管的配套体系建设，以及综合监管的发展趋势。②

3. 银行市场

屈延文、王永红等（2004）认识到信息与信息系统安全建设、运营与管理必须与银行的风险监管相结合的重要性。通过编写《银行行为监管：银行风险监管信息化和银行信息化风险监管与安全》，提出监管信息化和信息化监管的概念。他们认为，银行风险监管信息化和现代化任务十分艰巨和紧迫。同时，银行电子化、信息化和网络化的技术风险监管与安全问题十分突出，建设任务同样艰巨。③

兰振光、周海林（2007）着重分析了我国银行消费者保障制度的缺陷，为此，要将保障消费者权利作为《商业银行法》的立法宗旨；通过立法促成消费者与银行之间的公平交易；要为弱势群体提供特别的保障措施；必须明确银行业监管部门在消费者保护方面的职责；应在实践中完善银行业协会对消费者的保护机制；同时，在商业银行内部也应当构建消费者的保护机制。④

朱爽（2009）以经济全球化和中国金融深化为背景，通过对中国银行业监管现状及其存在风险的分析和对金融深化至今中国银行业监管模式变迁的回顾，提出金融深化时代中国银行业监管模式的选择路径。⑤

---

① 赵芳喜：《保险市场行为监管与消费者权益保护研究》，载《中国保险》，2012（11）：16 – 19页。

② 魏丽娜：《我国保险监管模式研究》，山西财经大学硕士论文，2012。

③ 屈延文、王永红、韩纬玺、南相浩、林鹏、王贵驷：《银行行为监管：银行风险监管信息化和银行信息化风险监管与安全（金融信息化技术 2004·海口论坛主题报告）》，载《华南金融电脑》，2004（7）：2 – 8 页。

④ 兰振光、周海林：《我国银行消费者权利保障制度之构建》，载《江西金融职工大学学报》，2007（2）：32 – 35 页。

⑤ 朱爽：《中国金融深化条件下银行监管模式选择研究——基于银行混业经营的视角》，西南财经大学硕士论文，2009。

王华庆（2010）提出了银行业金融监管创新的几条基本经验。一是要处理好鼓励创新和防范风险的关系；二是要加强功能监管和机构监管的协调配合，探索高效、专业、管用的监管体制；三是要抓好商业银行重要时段的金融服务保障；四是要做好公众教育。[①]

廖岷（2012）提出商业银行行为监管应关注三大政策目标：金融消费者保护、防范系统性风险以及培育公平公正对待客户的金融伦理和文化。在金融消费者保护方面，行为监管着重强调对机构和个人在"所受保护不对等、拥有金融信息不对等及获得风险收益不对等"三方面的调整；在系统性风险防范方面，通过主动介入式的行为监管着重分析产品、业务和商业模式的系统性影响；在培育金融伦理和文化方面，以行为监管为驱动，确保机构不但要守住风险底线，更要建立和守住公平、公正对待金融消费者的职业道德伦理底线。[②]

4. 混业经营角度

Ramiro Tovar Landa（2002）认为世界混业经营趋势非常明显，因此金融监管也必须与时俱进。由于统一监管成本较低，具有规模经济的优势，可以实现信息共享，因此分业监管应该向统一监管转变。[③]

李绍昆（2006）指出我国目前的金融监管是分业经营、分业监管。但是这种监管模式难以适应金融全球化的发展，跨市场金融产品的发展也使得分立的监管难度增大。我国应借鉴国际经验，建立多元化的监督约束体系，制定对金融控股集团监管的相关制度，建立并完善信息共享机制。[④]

谢云英（2007）针对我国混业经营的趋势，从理论和实践方面提出，我国应该充分借鉴国际金融监管经验，构建高效的金融监管组织体系，由多元化监管过渡到一元化监管，由机构性监管过渡到功能性监管，循序渐进，最

---

① 王华庆：《银行业金融创新审慎监管问题》，载《中国金融》，2010（9）：12－15 页。
② 廖岷：《对危机后银行业"行为监管"的再认识》，载《金融监管研究》，2012（1）：64－74 页。
③ Ramiro Tovar Landa. Efficiency in Financial Regulation and Reform of Supervisory Authorities：A Survey in the APEC Region. August，2002.
④ 李绍昆：《浅析混业经营对我国金融监管体制的影响》，载《山东行政学院山东省经济管理干部学院学报》，2006（3）：78－80 页。

终形成统一的金融监管模式。①

王亮（2007）认为，混业经营的逐步出现，使我国原有的分业监管模式表现出了诸多不适应。通过剖析美国、英国、巴西及澳大利亚的分业监管、统一监管和不完全统一监管模式，对三种模式的监管效力进行评价，找出在混业经营体制下监管效力最高的监管模式。他提出，我国金融监管的首要目标依然是保证金融安全，并在此基础上改善金融结构，提高金融效率。同时，建立适当的机构设置，统一监管评价标准。②

（二）国际经验角度

丛阳（2001）主要分析了英国金融监管的运作框架和特点，得出对我国金融监管的启示。他认为，要对金融机构进行风险评级并划分监管层次，明确规定金融机构管理层的责任，防范金融犯罪，打击洗钱，加强信息披露等。③

金仁淑（2010）主要分析了在金融全球化背景下，日本形成的监督权高度集中又不失灵活性的金融监管体制。他认为，金融监管应与经济全球化、金融自由化、国际化步伐相一致；金融监管的目标与经济形势的目标要统一；金融创新与监管创新相协调，建立有效率、稳健的金融监管体系。④

赵峰、高明华（2010）认为，随着国际金融危机的爆发，金融监管治理更加重要。通过借鉴国际经验并融入独立设计的指标，针对我国银行业构建了金融监管治理评估指标体系。根据评估结果，认为要从独立性、责任性、透明度和监管操守四个方面加强监督治理。⑤

Goodhart 和 Dirk Schoenmaker（2011）运用博弈论建立了一个多国模型，并阐明如果发生银行业危机，欧盟对问题银行的救助采用事后临时合作的模式将不利于危机的解决，而且通过对欧盟实施分散金融监管的成本和收益进

---

① 谢云英：《我国混业经营趋势下的金融监管模式选择》，厦门大学硕士论文，2007。
② 王亮：《我国混业经营下金融监管模式研究》，哈尔滨工程大学硕士论文，2007。
③ 丛阳：《变革中的英国金融监管框架》，载《上海金融》，2001（9）：25－26 页、32 页。
④ 金仁淑：《经济全球化背景下的日本金融监管体制改革》，载《广东金融学院学报》，2010（5）：72－79 页。
⑤ 赵峰、高明华：《金融监管治理的指标体系：因应国际经验》，载《改革》，2010（9）：48－56 页。

行分析，得出建立泛欧层面的金融监管合作安排的政策建议。[1]

伍巧芳（2012）以次贷危机为背景，依据美国金融监管法律制度变迁的路径，重点探讨了次贷危机后美国在金融监管方面的改革。作者认为，美国的"双层多头"监管以及分业监管制度被证明在金融危机下缺乏对危机的抵御能力。美国从宏观审慎监管、微观审慎监管、监管框架的调整、危机处理及解决机制以及消费者保护几个方面对金融监管体制进行了改革。最后提出我国应建立全面审慎金融监管体制；保持分业监管模式，加强监管机构之间的协调；加强对消费者的保护以及完善对金融衍生品的监管。[2]

焦瑾璞（2012）对发达国家制定的有关金融消费者保护的法律、改革政策进行了总结。特别是对美国、英国的具体做法进行了详细介绍，并将世界银行、经合组织、金融稳定委员会等机构的成熟经验引入国内，结合我国实践做了详细探讨。[3]

焦莉莉、李清、张丹（2013）通过研究欧盟金融监管合作与金融稳定问题认为，改变欧盟当前分割的监管体系，将成员国监管权限向欧盟层面的监管机构让渡，建立起泛欧监管体系已经成为未来改革的方向，也是监管关系演进的最终形态。这对我国金融监管的国际合作与协调同样具有重要的启示作用。[4]

丁德圣（2013）首先分析了美国金融监管改革的情况，包括《现代化金融监管架构蓝皮书》的推出以及奥巴马政府的金融监管改革方案。之后分析了英国次贷危机后新一轮的金融改革方案，最后分析了德国政府金融监管改革的情况。结合中国的实际情况，他认为，在我国应构建以中央银行为核心，其他监管部门密切配合的宏观审慎监管架构，赋予中央银行更大的监督权，以维护金融系统的稳定。[5]

---

[1] Goodhart and Dirk Schoenmaker. The Financial Trilemma. SSRN Working Paper Series, 2011.

[2] 伍巧芳：《美国金融监管改革及其借鉴——以次贷危机为背景》，华东政法大学博士论文，2012。

[3] 焦瑾璞：《金融消费权益保护亟需立法》，载《理财周报》，2012－12－31。

[4] 焦莉莉、李清、张丹：《欧盟金融监管合作与金融稳定：一个文献综述》，载《上海金融》，2013（7）：59－64页。

[5] 丁德圣：《次贷危机后国内外金融监管思路和模式研究》，辽宁大学博士论文，2013。

（三）消费者权益保护角度

李霁、侯俊（2003）研究了国外的统一金融监管制度，发现建立统一金融监管制度的国家都设置了新的监管机构，加强存款保险制度，采用较为先进的监管技术方法等。他们认为这种统一的金融监管制度能够节约成本，避免监管冲突。但是不可避免的是，因其垄断地位，这种体制缺少竞争和创新机制，也会消耗社会成本。[①]

王勤（2010）结合中国金融市场的数据对消费者保护监管进行实证分析，结合世界上较具代表性国家的消费者保护监管状况进行分析，提出当前国际上消费者保护监管改革的总体趋势，主要是完善法律体系用以保护金融消费者利益、设置专门机构执行金融消费者保护措施、设立自律机制提高消费者权益保护力度和强化金融消费者纠纷的处理机制。这也为中国完善金融监管体系特别是消费者保护监管提供了一定的实践基础。[②]

王华庆（2012）从行为金融理论中的羊群效应、行为偏差、信息不对称等问题入手，认为对金融消费者保护意义重大。结合金融危机后国际金融监管中各国对金融消费者保护的重视，提出要健全消费者保护法律体系，探索建立金融消费者保护机制，构建多元化金融消费纠纷协调机制以及提高消费者的自我保护能力。[③]

郭炎兴（2013）在对中国人民银行金融消费权益保护局局长焦瑾璞采访的文章中提到，要畅通金融消费者维权的直接通道。一是共同推进金融消费者保护工作。中国人民银行及其各级分支机构、相关部门要加强沟通协作，做好金融消费权益保护工作。二是要夯实金融消费者保护的基础工作，推动制度建设，加强监督检查，推进金融教育。

赵峰（2013）回顾了中国人民银行开展金融消费者保护工作的主要成效和存在的问题，提出人民银行基层行开展金融消费者保护工作的对策。一是完善立法，为金融消费者保护提供法律支持。二是自上而下推动金融消费者保护组织机构的建立和完善。三是进一步划分金融消费者保护的职责，构建

① 李霁、侯俊：《国外的统一金融监管制度》，载《金融信息参考》，2003（3）：52页。
② 王勤：《基于消费者保护的金融监管研究》，武汉大学博士论文，2010。
③ 王华庆：《关于金融消费权益保护的思考》，载《金融时报》，2012-11-20，001。

金融消费者保护协调机制。四是积极开展金融消费者教育活动，提升金融消费者素质。[①]

焦瑾璞（2013）提出加强金融消费权益保护已成为国际金融监管改革的重要共识，也是我国金融监管工作的核心内容。而加强金融消费权益保护需要在鼓励创新和强化监管之间取得平衡，同时更需要我国金融监管部门形成合力。[②] 他还提出金融消费者保护问题已成为现代金融监管问题的核心。当前的金融消费者权益保护体系正面临着一系列挑战，如行为监管和审慎监管的冲突、监管空隙带来的冲突、金融消费权益保护和金融创新的冲突以及金融消费权益保护力量不足和日益增长的保护需求的冲突等。为了促进金融消费权益保护工作，一是要综合推进我国金融消费者权益保护法制建设，二是要积极探索做好金融消费权益保护工作协调机制，三是要努力探索和创新适合的金融消费权益保护工作模式。[③]

（四）行为金融和行为监管角度

王国成（2005）在当代行为经济学的挑战、应用及借鉴方面提出了自己的观点。他认为，行为经济学是运用心理学原理和实验方法验证经济学基本行为假设，并在此基础上研究经济活动规律的一门交叉学科。在评价和借鉴行为经济学时，应该更加注重以它的观察角度和视野，运用基本观点和掌握研究方法，分析中国环境中的行为特性和经济活动规律，而不应直接照搬某些研究内容和结论。[④]

肖斌（2006）从行为经济学的产生入手，重点分析了行为经济学的预期理论，"社会偏好"模型、认知不协调与条件依赖等主要理论，提出行为经济学的主要研究方法，即直接观察法、间接观察法、借助机械的观察法等，为

① 赵锋：《基层央行开展金融消费者保护工作存在的问题与对策》，载《柴达木开发研究》，2013（6）：33－35页。
② 焦瑾璞：《金融消费者保护与金融监管》，载《征信》，2013（9）：1－2页。
③ 焦瑾璞：《中国金融消费权益保护现状与思考》，载《清华金融评论》，2014（10）：17－20页。
④ 王国成：《当代行为经济学：挑战、应用与借鉴》，载《北京联合大学学报（人文社会科学版）》，2005（2）：65－71页。

研究经济问题开辟了一条新的思路。①

贺京同、那艺（2007）认为，行为经济学是新古典经济学在融入新的要素后继续向前演变的自然顺承，是发展了的新古典经济学。他认为如果能够揭示出人在自然和社会双重属性下的异质行为来源基础，那么经济学分析的逻辑出发点将可以从行为经济学下的异质经济行为人继续发展到选择行为满足自然和社会双重属性内在统一的"现实理性人"。"现实理性人"的选择过程更具现实性和合理性，是人类行为范式的真实再现。②

焦瑾璞（2014）关于行为监管也提出了自己的建议。他认为下一步要重视金融行为，就是金融行为的监管，要重视行为经济学在金融方面的应用，从审慎的监管转为行为监管和产品监管。大家应该更多地来优化金融消费者的环境，这个环境就是在产品创新方面要提高透明度，接受社会的监督。在金融领域可以引进和研究冷静期制度，以消除信息不对称的情况，避免消费者与金融机构在突如其来的重大事件中利益失衡，使市场秩序更加合理。③

（五）法律角度

Richard A. Posner（1997）采用价格理论的学说，从经济分析的视角，对美国的法律史、法律法规及法律理论进行论述，将经济学理论与方法经验相结合，阐述了法律领域里的各种问题和争议，用经济分析方式来研究法律，对市场公共管制也进行了论述，这对我国在经济建设中促进法治进程有较强的借鉴意义。④

杨东（2009）通过考察国际金融法制的横向规制趋势，从金融商品和金融业的横向规制两个角度，对日本《金融商品交易法》的适用范围、行业规则、投资者种类、自律规制机关等内容进行全面分析，建议制定专门的《金融控股公司法》，对金融控股公司这一重要的公司组织形式的性质、地位及组建方式进行专门规定，通过金融控股公司这一组织形式，逐步实现混业经营

①　肖斌：《经济学与心理学的融合——行为经济学述评》，载《当代经济研究》，2006（7）：23－26页。

②　贺京同、那艺：《传承而非颠覆：从古典、新古典到行为经济学》，载《南开学报（哲学社会科学版）》，2007（2）：122－130页。

③　中国人民银行金融消费权益保护局局长焦瑾璞在2014互联网金融创新与法制论坛上的发言。

④　Richard A. Posner. Economic Analysis of Law. Beijing：Encyclopedia of China Publishing House，1997.

和金融业务的横向规制。①

邢会强（2010）认为，传统金融法存在很大缺陷，应建立新的金融服务法体系，将金融机构定位为金融服务提供者，将客户定位为金融消费者，将金融监管机关定位为金融消费者的保护者。将消费者保护法上的成熟理念引入到金融法中，给金融消费者提供更高层次的保护。②

周荃（2012）通过界定金融消费行为、识别金融消费者、对金融消费者权益侵害行为进行分类以及辨析各类司法保护原则，从司法政策考量的视角来探讨金融消费者权益保护的司法理念构建，认为要选用利益平衡的司法保护原则，确立分层识别金融消费者的司法保护机制，确立寻求双方及多方利益平衡的司法保护理念，以维护金融市场秩序。③

孙嘉蔚（2012）认为要明确第三方支付金融监管理念，明确第三方支付机构在监管体系中的位置，以期通过完善和建立相关制度来促进更加有效、适度的第三方支付金融监管法律体系的形成。④

廖岷（2012）从英国、澳大利亚、美国、日本等国家行为监管的经验入手，对行为监管进行法理研究。他认为从法理上看，保护金融消费者，维护社会本位的公平正义是行为监管的价值宗旨。行为监管的目标是维护消费者信心，是对审慎监管的必要补充。⑤

焦瑾璞（2012）提出，要"把金融消费者权益保护放在更加突出位置，加强制度和组织机构建设，加强金融消费者教育，为金融消费者提供高水准的信息咨询服务，积极开展金融知识普及宣传工作，提高金融消费者的安全意识和自我保护能力"。他提出，要积极健全金融消费者保护法律体系，探索建立金融消费者保护协调机制，稳妥构建多元化金融消费纠纷解决机制，不

---

① 杨东：《论金融法制的横向规制趋势》，载《法学家》，2009（2）：124－134 页、159－160页。

② 邢会强：《金融法理论的变革与"金融服务法"理论的初步构建》，载《金融服务法评论》，2010（1）：170－180 页。

③ 周荃：《从倾斜到平衡：论金融消费者权益司法保护理念建构》，载《证券法苑》，2012（2）：548－561 页。

④ 孙嘉蔚：《第三方支付金融监管的法律研究》，兰州大学硕士论文，2012。

⑤ 廖岷：《银行业行为监管的国际经验、法理基础与现实挑战》，载《上海金融》，2012（3）：61－65 页、118 页。

断提高金融消费者自我保护能力。[①]

（六）金融监管角度

Joseph E. Stigliz（1998）提出对市场失灵非分散化的基本定理，认为政府干预对于市场有效性的配置必不可少，政府对于市场的调控与监管，直接的效果也许不高，但间接的效果肯定不低，重点论述了实施干预的防范，政府对市场进行干预的必要性，其理论受到了国内外学者的广泛认可。[②]

王永龙（2005）针对如何提高我国金融监管的效率问题提出相应的对策。他认为，制度和体制是核心，市场基础、信息条件、金融格局、金融环境等因素是外部影响因素。因此，推进金融监管制度与体制创新是提升我国金融监管效率的根本途径。[③]

姜立文（2008）认为，功能监管优势明显，具有超前性和预见性，可以促进金融业的平等竞争，提高监管效率；通过确保对所有的金融产品提供者的适当监管，可以加强对投资者的保护。但是，纯粹的功能监管并不能满足对金融控股公司监管的需要，应尤其注意监管权力的制衡。[④]

曹凤岐（2009）通过比较各国（地区）金融监管体系的演变及变化趋势，阐明了进一步改革与完善我国金融监管体系的必要性。他认为，从长远看，中国应当建立统一监管、分工协作、伞形管理的金融监管体系。中国金融监管体系的改革目标应当是，建立一个统一的金融监管机构进行综合金融管理。提出了应当分为三个阶段进行中国金融监管体系改革的建议。[⑤]

焦瑾璞（2012）认为，金融业的快速发展已对现行的金融监管体制提出了巨大的挑战。我国自1998年实行的"一行三会"金融监管模式，在推进国有商业银行股份化历程、抵御国际金融危机中发挥了重要作用，但是不同监管机构之间的摩擦、内耗和推诿减少了金融监管体制的效率和有效性，故步

---

① 焦瑾璞：《金融消费权益保护亟需立法》，载《理财周报》，2012 - 12 - 31。

② Joseph E. Stigliz. Why the Government Intervention in the Economic：The Role of Government in a Market Economy. Beijing：Supplies of China Publishing House, 1998.

③ 王永龙：《提升我国金融监管效率的对策探析》，载《中国经济问题》，2005（4）：61 - 67 页。

④ 姜立文：《金融功能监管模式新论》，载《华北金融》，2008（2）：14 - 17 页。

⑤ 曹凤岐：《改革和完善中国金融监管体系》，载《北京大学学报（哲学社会科学版）》，2009（4）：57 - 66 页。

自封的条线监管也扼杀了微型金融、民间金融的积极性，挫伤了地方和基层金融的积极性。因此，当务之急是要创新金融监管体制、更新监管政策，以金融监管创新促进金融创新，提升我国金融业的实力。①

英格兰银行金融政策委员会执行董事安德鲁·霍尔丹、英格兰银行经济学家瓦西利斯·马德拉斯（2013）对复杂金融体系的有效性提出质疑。他们认为，通过提高金融监管的复杂性应对日益复杂的金融体系成效并不显著，相反，不断趋于复杂的金融体系更需要简明的金融监管来加以应对。②

杨子强（2014）提出要完善地方金融监管体制。他认为，当前地方金融监管存在掣肘，要有效厘清地方政府和市场的边界，建立权责对称的地方金融监管体制。设立权责明确的专业地方金融监管机构，清晰界定地方金融监管范围，构建监管动态调整机制。③

（七）金融创新角度

李健（2003）认为，在金融混业经营已成为必然趋势的情况下，建立统一的综合监管模式是我国的必然选择。同时，他建议我国的金融监管改革应分成两阶段。第一阶段，用2—3年的时间建立和完善分业监管的协调机制。第二阶段，在第一阶段的基础上用1—2年的时间将各监管机构之间的协调机制转变为统一监管体制。④

胡海峰、罗惠良（2009）认为，金融创新在提高效率、丰富金融工具品种、促进金融市场一体化等方面发挥正面效应的同时，又会产生金融系统稳定性下降、金融系统性风险增加、金融监管效力下降、货币政策失灵等负面效应。因此，世界各国在加强金融监管、建立危机预警系统和提高货币政策有效性的前提下，应努力扩大国际合作，妥善应对金融创新的负效应。⑤

李伏安、吴清、施光耀、袁钢明、焦瑾璞（2013）在产品创新和风险监管方面提出了独到见解。他们认为，金融创新和金融监管之间的关系是一个

① 焦瑾璞：《创新我国的金融监管体制》，载《中国城乡金融报》，2012－03－09，A03。

② 安德鲁·霍尔丹、瓦西利斯·马德拉斯、张晓朴、朱太辉：《当前全球金融监管改革的反思》，载《新金融》，2013（1）：20－24页。

③ 杨子强：《完善地方金融监管体制》，载《中国金融》，2014（5）：72－73页。

④ 李健：《混业经营条件下金融监管研究》，湖南大学硕士论文，2003。

⑤ 胡海峰、罗惠良：《对金融创新经济效应的若干思考》，载《教学与研究》，2009（6）：41－47页。

互相推进的过程，此次金融危机是创新失败所致，而金融创新要有度。在创新问题上，我们要吸取经验教训，引以为戒，但不能因噎废食。在今天的中国，在创新与监管问题上，要慎行的不是创新，而是监管。此外，在整个金融运作过程中，监管部门应该提前想到问题，提前想到风险，提前做好监管准备。①

（八）互联网金融角度

陈林（2013）对互联网金融的主要形式及特点进行了概述，从金融消费方式、金融竞争模式、金融服务供给、货币政策、金融信息安全、反洗钱六个方面分析了互联网金融对传统金融机构和金融监管的影响，并对欧美等主要国家互联网金融监管实践进行比较，提出相关的建议。一是要以满足实体经济发展的有效需求为出发点，为互联网金融营造相对宽松的发展环境。二是尽快建立互联网金融监管制度，并加强部门之间的协作配合。三是健全完善相关法律制度规定，促进互联网金融健康有序发展。②

袁新峰（2014）认为，信用是互联网金融的核心，互联网金融体系运行的基石是征信。当前互联网金融乃至整个互联网发展的重大课题是要构建互联网金融征信，前瞻性地构建完善的互联网金融征信体系。首先是要加快互联网金融征信体系建设，其次是要探索建立征信系统的互联网金融征信子系统，最后不能忽视互联网金融征信的隐私保护。③

张晓朴（2014）探索了有效的新金融监管范式。对于这样一类新出现的金融业态，金融监管应当体现开放性、包容性、适应性；坚持鼓励和规范并重、培育和防险并举，维护良好的竞争秩序，促进公平竞争；构建包括市场自律、司法干预和外部监管在内的三位一体安全网，维护金融体系稳健运行。④

谢平、邹传伟、刘海二（2014）认为，对于互联网金融，不能因为发展不成熟就采取自由放任的监管理念，应该以监管促发展，在一定的底线思维

① 李伏安、吴清、施光耀、袁钢明、焦瑾璞：《金融危机下的慎行：产品创新与风险监管》，载《资本市场》，2009（2）：31-32页。
② 陈林：《互联网金融发展与监管研究》，载《南方金融》，2013（11）：52-56页。
③ 袁新峰：《关于当前互联网金融征信发展的思考》，载《征信》，2014（1）：39-42页。
④ 张晓朴：《互联网金融监管的原则：探索新金融监管范式》，载《金融监管研究》，2014（2）：6-17页。

和监管红线下，鼓励互联网金融创新。互联网金融的信息技术风险更为突出，"长尾"风险使金融消费者保护尤为重要，在互联网金融监管中要特别注意。同时，对于不同类型的互联网金融机构，要在风险识别的基础上分类施策，但在涉及混业经营的领域要加强监管协调。①

李有星、陈飞、金幼芳（2014）认为，随着第三方支付、P2P 借贷和众筹融资等金融创新模式的新兴，互联网金融的时代已经来临。基于国内法律现状，互联网金融不是从交易角度无法可依，而是从监管角度缺乏规制。在国内实施互联网金融监管，应确定监管主体地方化的方向，采取原则导向监管方式，构建以会员邀请、资金第三方托管、简易信息披露及信息安全保护为核心的互联网金融"安全港"制度。②

二、国内现有研究存在的不足

目前国内对于行为监管的研究和实践仍然处于相对初级的阶段，行为监管研究没有得到足够的重视，对行为监管的研究似存在如下四点不足：

一是对行为监管的研究多集中在银行、证券、保险等传统金融支柱行业，缺少对融资租赁、信托、保理、小额贷款公司等业态的深入研究，更缺少在互联网金融、金融资产交易所等领域的研究，而这些领域同样与广大金融消费者利益密不可分，而且更加容易出现消费者权益受损的问题。

二是对行为监管的研究多集中在国外经验介绍及借鉴分析，缺少在我国构建行为监管体系针对性强的对策研究，尤其是在法律法规制定、微观市场主体自身管理规范等方面，有见地、有操作性的对策研究甚少。

三是基于监管部门视角的研究居多，缺少基于金融机构视角的研究，也没有引起学界的足够重视，这在某种程度上说明实施行为监管还缺少一定的实践基础。

四是对行为监管的研究多体现在理念探讨、总体框架设计等定性分析层面，缺少实践效果测算、政策传导效力模拟等模型分析，定量研究几乎没有。

---

① 谢平、邹传伟、刘海二：《互联网金融监管的必要性与核心原则》，载《国际金融研究》，2014（8）：3－9 页。
② 李有星、陈飞、金幼芳：《互联网金融监管的探析》，载《浙江大学学报（人文社会科学版）》，2014（4）：87－97 页。

第二章　行为监管的理论概述

行为监管在不断发展和完善的基础上，从理论基础、法理依据到法规体系建设、监管目标确定以及主要模式选择，已形成一套较为严谨的逻辑体系。

第一节　行为监管的理论基础

一、信息经济学

信息经济学是信息科学的一个分支学科，是一门研究信息的经济现象及其运动变化特征的科学，起源于 20 世纪 40 年代，经过 50—60 年代的发展，到 70 年代基本成熟，其主要研究内容包括信息的经济作用、信息的成本和价值等。该理论的代表人物约瑟夫·斯蒂格利茨运用信息经济学理论，论述了传统经济理论的不足，指出现实的世界中信息并非是完全信息，个体对信息的搜集、吸收和处理的能力有限，信息传递具有噪音和不完全的特点，市场参与者难以得到充分信息进行决策，导致利益受损。

信息不完备指的是当事人并不了解全部的与交易有关的信息，在信息不对称的条件下，知情较多的当事人一方还会出现逆向选择和道德风险，这些都会导致资源配置的低效率，存在帕累托改善的可能性。

信息经济学证明了市场存在缺陷，并指出市场缺陷的根源在于信息。虽然针对信息不完备也存在一些通过私人发送信号的办法加以解决，但不能否认金融监管部门在这方面也可以有所作为，特别是在提供具有公共品性质的信息方面尤其如此，鼓励信息生产和缓解信息不对称应作为政府工作的重点。行为监管的价值宗旨就在于利用公共资源通过监管手段以维护社会本位的公平正义。

二、双峰理论

英国经济学家迈克尔·泰勒（Michael Taylor, 1995）提出的"双峰"理论（Twin Peaks）认为，监管应着重于两大目标：确保系统稳定（指审慎监管）和保障消费者权益（指行为监管），且审慎监管与行为监管者两个目标应该分开，并由不同的监管者来执行。他将审慎监管者形象地比喻为"医生"，职业习惯使其在发现病因后努力进行医治，而非对当事人严肃问责，行为监管者则类似于"警察"，一旦发现违规行为会立即加以处罚。① 模式又可分为"外双峰"模式和"内双峰"模式。"外双峰"模式是指设立独立于金融审慎监管机构的金融消费者保护机构，地位与审慎监管机构平等；"内双峰"模式是指在原有审慎监管机构内部设立独立的消费者保护部门，通常所说的经典的"双峰"模式一般指的是"外双峰"模式。

泰勒（2009）在总结危机教训时，认为1998年英国进行金融监管体制改革时没有听从他的建议建立"双峰"式的监管体制，而实行了由金融服务局（FSA）统一监管的体制。根据双峰理论，审慎监管对可能危害金融安全的金融机构实施监管和处罚，行为监管则应重点保护购买或投资金融产品的消费者。行为监管的主要任务是维护市场的公正和透明，监督金融机构对待消费者的行为，维持金融消费者信心。

三、行为金融学

经典金融学理论从理性经济人假设出发，利用一般均衡分析和无套利分析演绎出一套经典翔实的金融学理论。随着金融学研究的深入，越来越多的与经典金融学理论不一致的实证现象被揭示出来，由于现实中人们的决策行为与理性经济人假设有一定的差异，根据心理学的研究成果来拓宽理性经济人假设，并以此为基础来研究金融问题，就产生了金融学的一个新的研究方向——行为金融学。②

行为金融学就是将心理学尤其是行为科学的理论融入金融学之中。它从微观个体行为以及产生这种行为的心理等动因来解释、研究和预测金融市场的发展。这一研究视角通过分析金融市场主体在不同环境下的经营理念及决

---

① 霍华德·戴维斯、大卫·格林：《全球金融监管》，中国银行业监督管理委员会译，100 页，北京，中国金融出版社，2009。

② 张峥、徐信忠：《行为金融学研究综述》，载《管理世界》，2006（9）：155－167 页。

策行为特征，力求建立一种能正确反映市场主体实际决策行为和市场运行状况的描述性模型。

根据行为金融学的相关理论可以发现，无论是金融机构还是金融消费者，都具有明显的过度自信与反应不足、信息串流、羊群效应等非理性特征，加上金融市场自身的复杂性以及跨时间、跨空间的产品特性，很容易导致市场主体出现心理和行为上的偏差。而金融机构和金融消费者的个体行为偏差如果得不到及时纠正则可能演变成集体行为偏差，进而危及金融体系的稳定性。

四、二元结构与三足定理

这种理论的提出源于邢会强教授（2009）通过对金融危机治乱循环的考察。① 市场竞争导致金融服务的"嫌贫爱富"，金融富贵化使得部分群体无法从主流金融系统获取金融服务，出现金融排斥现象。以金融法的二元结构（即同时服务于富人和穷人、发达地区和不发达地区），促进金融包容，使贫困和低收入群体能够以可承受的成本享受金融服务。

金融市场以是否受到金融监管可分为正规金融和非正规金融，按金融服务对象划分可分为微型金融和非微型金融。金融市场的二元结构需要金融监管呈现相应的二元结构。在非正规金融机构、微型金融机构的初创阶段，为避免挤占金融监管资源，不应实行审慎监管，实行行为监管即可。②

邢会强教授认为立法者和监管者一直在金融安全和金融效率之间徘徊，并且很难平衡二者之间的关系。③ 依照这种逻辑，在金融效率和金融安全的"相机抉择"上，提出加入"消费者保护"，形成等边三角形，即所谓"三足定理"，认为金融法的立法、金融监管目标的设定、金融体制改革的指导原则都应该在金融安全、金融效率、消费者保护这"三足"之间求得平衡。"三足"对应三大利益主体：监管机构的核心利益为金融安全，金融机构的核心利益为金融效率，金融消费者的核心利益为消费者保护。三种主体在博弈中找到适度点。

---

① 李喜莲、邢会强：《金融危机与金融监管》，载《法学杂志》，2009（5）：13－15页。
② 邢会强：《金融法的二元结构》，载《法商研究》，2011（3）：84－90页。
③ 邢会强：《金融危机治乱循环与金融法的改进路径——金融法中"三足定理"的提出》，载《法学评论》，2010（5）：46－53页。

五、金融的负外部性

外部效应是指商品生产者的内部成本与外部成本、内部效益与社会效益的不一致，给其他社会成员造成的影响，分为正外部效应和负外部效应。经济学中的负外部效应又被称作外部不经济，指未能在价格中得以反映的，对交易双方之外的第三者所带来的成本，生产者的私人成本小于其活动造成的社会成本，因而倾向于过多地提供具有负外部效应的活动。所谓"过多"不仅意味着该活动的数量超过了社会最优的水平，而且也意味着存在帕累托改善的可能性，即有可能在不损害任何一方利益的前提下增进另一方的利益，或对一方有利的情况足以补偿对另一方不利的情况。

由于存在下列因素，金融领域的负外部效应比较明显：首先，金融机构经营的高杠杆率，使得它一旦产生破坏，金融机构的私人成本远低于所带来的社会成本。其次，金融领域出现问题的传染性，使得一家金融机构的问题很可能会引致另一家金融机构发生同样的问题，如一家银行的挤提行为如果控制不好就有可能引发对其他银行的挤提，这在一定程度上表明金融领域的负外部效应有可能会自我放大。再次，金融领域里负外部效应的自我放大发展到极端，可能引发大规模区域风险的集中爆发，甚至影响整个金融系统的正常运转。金融领域的风险也会对产业发展、就业民生等宏观经济稳定性造成破坏，甚至引发社会风险。最后，在清算体系中，随着金融交易规模日益扩大，清算中介承担的个别金融机构违约的风险也越来越大。如果在一个清算期间（通常是一天）结束时，有一家或多家大的金融机构未能支付，那么就有可能出现清算体系整体的运转失灵。

在金融领域的负外部效应的解决方法上，交易费用不为零的现实使得"科斯定理"所说的外部效应通过私人谈判实现完全内部化的解决办法难以尽如人意，这就意味着必须由政府监管将外部成本内部化。因而通过政府介入纠正负外部效应是合理可行的，是有社会效益的。

六、规避管制理论与动态博弈模型

美国经济学家凯恩（E. J. Kane）创立了规避管制理论，使用标准的动态博弈模型论证了金融管制是金融创新的重要动因：金融机构为了获得利润而回避政府管制引起金融创新。金融机构与监管当局之间具有"管制——创新（规避管制）——放松管制或再管制——再创新"的动态博弈进程，共同推动金融深化和发展。

如果用 D 表示规避监管，ER_I（D）表示规避监管为金融机构带来的收益期望值，EC_I（D）表示金融机构规避监管的成本，则规避监管的预期净收益为 $E_I = ER_I$（D）$- EC_I$（D）。进一步地，用 R 表示监管当局再监管，NR 表示不进行再监管，假定 E_B（R）是再监管为监管当局带来的预期净收益，E_B（NR）是不进行再监管为监管当局带来的预期净收益，那么，ER_I（D）$>$ EC_I（D）时，则 D 发生；ER_I（D）$\leq EC_I$（D）时，则 D 不发生（即若规避监管的预期净收益 >0 时，则金融机构规避监管，否则规避监管不发生）。E_B（R）$> E_B$（NR）时，则 R 发生；E_B（R）$\leq E_B$（NR）时，则 R 不发生（即若再监管为监管当局带来的预期净收益 $>$ 不进行再监管的预期净收益时，则监管当局选择再监管，否则选择不进行再监管）。

如果金融机构和监管当局可以对对方的行为进行预期，并在此基础上选择博弈行动，那么上述推导可以改写为：ER_I（D，R）$> EC_I$（D，R）时，则 D 发生；ER_I（D，R）$\leq EC_I$（D，R）时，则 D 不发生（即金融机构预期监管当局再监管的情况下，若规避监管的预期净收益 >0 时，则金融机构规避监管，否则规避监管不发生）。E_B（R，D）$> E_B$（NR，D）时，则 R 发生；E_B（R，D）$\leq E_B$（NR，D）时，则 R 不发生（即监管当局预期金融机构规避监管的情况下，若再监管为监管当局带来的预期净收益 $>$ 不进行再监管的预期净收益，则监管当局选择再监管，否则选择不进行再监管）。

管制辩证法理论表明，金融监管是一个动态过程。金融监管制度的设计必须根据不断变化的社会经济环境而相应改变，否则，要么以降低金融机构和金融体系的发展速度为代价，要么以牺牲金融稳定为成本。[①]

七、政策的时滞效应

任何政策从制定到发挥主要或全部的效果，必须经过一段时间，这段时

---

① 李成：《金融监管理论的发展演进及其展望》，载《西安交通大学学报（社会科学版）》，2008（4）：22 – 29 页。

间叫作"时滞"。时滞由内部时滞和外部时滞组成。内部时滞包括认识时滞、决策时滞和行动时滞,是从政策制定到有关政府部门采取行动这段时间。其长短取决于政府部门对经济形势发展的预见能力、制定政策的效率和行动的决心。外部时滞包括操作时滞和市场时滞,指从政府部门采取行动直到对政策目标产生影响为止的这段时间[1]。按照货币学派的观点,时滞效应的特点不仅表现为行动与效果之间存在时间差距,而且表现为传导过程中初始效果与最终真实效果之间存在差异。

目前我国的金融监管更多地表现为应急性的事后补救乃至叫停,事前预警机制较弱,从创新型金融业务出现到引起监管部门关注、再到正式出台有关规范往往需要较长时间,金融监管政策的滞后性主要在于内部时滞。在金融服务法体系尚未建立的状态下,通过行为监管强制金融机构充分披露信息,有效预防风险,对金融消费者权益的保护显得尤为必要。

八、理性预期理论

理性预期理论产生于 20 世纪 60 年代末 70 年代初西方国家经济普遍陷入"滞胀"困境、凯恩斯主义理论和政策失灵的背景之下。60 年代初,约翰·穆思提出了"理性预期"的概念,可看作是该学派的源起,之后卢卡斯等人循着理性预期的思路,阐发了一系列相关理论问题。

伴随着金融市场的不断发展和深化,人们发现微观经济主体的理性预期普遍存在,监管政策的推行和落实对违规行为确实能够起到约束作用。然而,当一项政策提出时,微观经济行为主体会立即根据可能获得的各种信息预测政策的后果,从而很快地作出决策,且极少有时滞。[2] 引入其他机构以规避审慎监管的各类"伪创新"金融产品,正是微观经济主体监管套利的产物。在理性预期学派看来,政府干预使人们学会了理性预期,微观主体广泛采取的对消监管政策作用的对策,将可能使金融监管政策归于无效。

---

[1] 黄达:《金融学(精编版)》,404 页,北京,中国人民大学出版社,2004。
[2] 黄达:《金融学(精编版)》,404－405 页,北京,中国人民大学出版社,2004。

第二节　行为监管的法理基础及其法律法规框架

一、行为监管的法理基础

（一）行为监管的价值正当性

社会分工使产品的生产群体和购买群体逐渐分离。不断积累的资本和经验让生产经营者的地位不断巩固和提高，与消费者身份差距逐渐拉大。由于消费者与经营者的地位悬殊，在交易活动中极易受到经营者的损害，所以需要对处于弱势地位的消费者的权益保护作出特别安排即倾斜性保护。于是，在法律体系中，消费者权益保护的概念应运而生，围绕该概念建立起相应的法律制度。

金融商品与普通商品不同，明显的信息不对称和金融商品本身的专业性、复杂性决定了金融消费者在与金融机构交易中的弱势地位更为突出，尤其需要法律给予倾斜性保护。这种基于社会生活主体的自然及社会差别而予以不同对待，体现了对弱者的救济思想，也体现出法律的公平与正义，反映了行为监管的价值正当性。

（二）行为监管实现法的价值目标：秩序与效率

法律作为社会成员的行为规范，其重要目的就是"定纷止争"。金融行为监管法律法规明确金融机构与金融消费者的权利和义务，协调金融机构与金融消费者、金融机构与金融机构之间的经济关系，有助于维护社会、经济和市场秩序。秩序是效率的必要前提，有效的行为监管能够提高资源配置效率，金融机构以及金融消费者双方交易主体均可以从中获得益处，进而促使经济健康发展。在维护社会公平正义之外，金融行为监管法律体系的完善可以实现法的价值目标：维护金融秩序，提高市场效率。

（三）有法可依是加强社会主义法制的基本前提

2014 年 10 月，党的十八届四中全会通过了《中共中央关于全面推进依法治国若干重大问题的决定》。决定提出"全面推进依法治国，总目标是建设中国特色社会主义法治体系，建设社会主义法治国家"。这既表明依法治国将成为党和国家未来工作的重点，也体现了"依法治国"战略方针的重要性、紧迫性。

目前我国金融消费者权益保护方面缺乏专门立法，尽管金融监管机构出台了一系列部门规章和规范性文件，对金融消费者权益保护作出了相对具体的规定，但在诉讼时没有可以作为直接援助的内容，不能直接作为依据，增大了金融消费者权益保护及权益受损时维权的难度。

对行为监管和金融消费者权益保护进行专门立法，明确监管主体权责，制定金融机构行为标准，将提高金融机构规避监管的成本，降低金融机构规避监管的预期净收益，减少监管套利情况的发生。明确金融机构和金融消费者的权利和义务，也有利于减少侵害金融消费者权益的行为出现。

二、行为监管法律法规框架

（一）行为监管的法律法规归属于经济法

我国的法律体系框架可分为宪法及宪法相关法、民商法、行政法、经济法、社会法、刑法、诉讼与非诉讼程序法七个主要的法的部门。

一种观点认为我们已有全面调整社会主义市场经济关系的民法和经济法两大法的部门，没有必要形成独立的商法部门。[1] 而从规范性文件意义上讲的"商法"，有些学者认为包括公司、票据、保险、海商等方面的规范性文件。这种意义上的商法，被认为是民法中的一种特殊法，调整对象为平等主体之间的商事关系。民法的规定都能用于商法，商法中有特别规定的要优先适用于商法，但商法的内容不能用于民法。就所谓"商法"的内容而言，可分为市场交易关系和经济管理关系，调整上述市场交易关系的法律规范，实质上是民事法律规范，应该将其归入民法部门；调整上述经济管理关系的法律规范，实质上是经济法律规范，应该将其归入经济法部门。民法和经济法的调整对象不同，民法调整的对象是民事关系，即作为平等主体的自然人之间、法人之间、其他组织之间，以及他们相互之间发生的财产关系和人身关系；经济法的调整对象是在国际协调的本国经济运行过程中发生的经济关系，而非人身关系。

金融行为监管是一种经济管理关系，考虑到金融机构和金融消费者之间存在着地位上的不平等，并非简单的市场交易关系，故不宜由民法调整。另外，行政法的调整对象为行政管理关系，而不是经济管理关系。因而，金融

---

① 杨紫烜：《经济法》，47－48 页，北京，北京大学出版社，2014。

行为监管的相关法律法规应归入到经济法之中。

（二）行为监管法律法规体系构建

金融行为监管是一种经济管理关系，其相关法律法规应归入经济法中，其法律体系构建应包含三大板块。

1. 金融消费者权益保护法律制度

前文阐明金融消费者是消费者概念在金融领域的延伸，金融消费者属于我国消费者主体中的一类特殊群体。由全国人大常委会修订并于 2014 年 3 月 15 日正式实施的《消费者权益保护法》仍未提及金融消费者概念，因而制定专门的金融消费者权益保护法——即专门立法保护模式，再辅以相关的政策法规是符合我国当前国情的最佳选择。

2. 关于金融行为监管对象的金融服务法

现有审慎监管领域按照不同机构来划分监管对象，在行为监管领域则应按照经营业务的性质来划分监管对象，这样既能补充审慎监管的不足之处，也有利于发挥行为监管跨产品、跨机构、跨市场的协调功能。

3. 关于金融行为监管主体的组织法

目前，我国"一行三会"内部均设立了独立的金融消费者保护部门，但地方行为监管主体尚未明确。制定金融行为监管组织法的目的在于明确行为监管主体的权责职能，厘清监管主体的权力边界，通过中央对地方行为监管的配合，提高监管的专业性、有效性。

第三节　行为监管主要模式

一、"外双峰"式

"双峰"监管是指根据金融监管的两大主要功能领域，由不同机构或部门分别履行审慎监管和行为监管的监管职责。"外双峰"是指设立独立于金融审慎监管机构的行为监管机构，通常所说的经典的"双峰"模式一般指的是"外双峰"模式。代表国家为澳大利亚、荷兰等。以澳大利亚为例，"双峰"之一的澳大利亚审慎监管局（APRA）负责对认可的接受存款机构、养老金基金和保险公司进行审慎监管工作。"双峰"的另一峰——澳大利亚证券投资委员会（ASIC）承担行为监管的职责。与澳大利亚不同，荷兰中央银行（DNB）负责对包括银行、证券、保险在内的整个金融部门进行审慎监管，而金融市场管理局（AFM）负责整个金融部门的商业行为规范监管。另外，加拿大、新西兰也是典型的外双峰模式的代表。

二、"内双峰"式

"内双峰"是指在原有审慎监管机构内部设立独立的消费者保护部门。各国的金融发展程度和金融环境不同，对于很多国家来说改变原有监管体制，直接采用"外双峰"监管模式既无必要也不现实。"内双峰"监管模式虽未设立与审慎监管地位相同的行为监管机构，但将原有传统监管框架中包含的行为监管内容分离出来，成立专门的行为监管部门负责行为监管的相关事务。例如，美国新设独立的消费者金融保护局（CFPB），归并原先由不同监管机构共同承担的消费者保护职责，减少多头监管，避免监管冲突。

三、隐含式

隐含式的行为监管是指没有设立单独的行为监管部门，而将行为监管的相关内容融于审慎监管框架之内进行统一监管。如2012年之前尚未成立金融消费权益保护局的我国。

行为监管是否有效，最终可以体现到审慎监管的各项监管指标之中。有效的行为监管，可以规范金融机构的经营行为，确保合适的金融产品卖给合适的金融消费者，降低金融消费者的违约率，确保金融机构的资产质量，不良贷款率、资本充足率、流动性资产比率、杠杆率等审慎风险监管指标也将随之优化。审慎监管与行为监管之间无论在总体监管目标还是监管原则方面，都存在着一致性，并不是必然的"矛盾体"或"冲突体"，只要处理得当，两者之间将会相互促进、互为补充。基于此逻辑，次贷危机后，很多专家认为没有必要设立独立的行为监管部门，由审慎监管部门同时行使行为监管职能完全可行。①

---

① 王华庆：《论行为监管与审慎监管的关系》，载《中国银行业》，2014（5），http：//www. zgyhy. com. cn/hangye/2014－06－16/821. html。

第三章　行为监管发展趋势研究

行为监管的概念始于 20 世纪 70 年代，由美国国家保险协会在其发布的《市场行为检查手册》中正式提出。1995 年，英国经济学家迈克尔·泰勒（Michael Taylor）提出金融监管的"双峰"理论使金融行为监管正式走进人们的视野。然而，长期以来，在各国的金融监管实践中，行为监管这一峰远远弱于审慎监管，直至 2008 年国际金融危机的爆发，形势开始出现变化。以金融消费权益保护为核心目标的行为监管得到业界和学术界越来越多的关注，以金融危机为主要节点，行为监管呈现出一些新的发展趋势。这些趋势集中表现在行为监管与审慎监管以及其他传统监管模式的关系和力量对比有所改变。可以发现，行为监管与审慎监管、功能监管等传统监管模式既存在因为关注重点不同而产生的相应监管手段差异，也呈现出统一、融合趋势，本书将其概括为行为监管的独立化、功能化和宏观审慎化。同时，立足全球视野，国家间的金融监管合作对于行为监管同样至关重要，行为监管也表现出国际化的发展趋势。

第一节　行为监管独立化

一、内涵及表现

2008 年国际金融危机爆发前，各国金融监管当局普遍将防范金融机构风险、维护金融体系稳定作为主要的监管目标。虽然一些发达国家如澳大利亚、美国、英国等不同程度地在金融消费者保护的制度设计和监管行动方面进行了一些有益探索，如澳大利亚成立证券投资委员会作为行为监管机构，美国颁布了《贷款诚实法》《财务隐私法》《社区再投资法》《金融服务现代化法案》等一系列涉及金融消费者保护的法律法规，英国实施了金融巡视员制度，等等，但总体而言，金融消费者的权益保护被作为一种间接的、附属性的监管目标。

随着金融危机的爆发，人们逐渐认识到行为监管的缺失、金融消费者保护不足是危机的根源之一。审慎监管与行为监管分离的"双峰"监管理论逐渐得到认可，并在一些国家危机后的金融监管体系改革中得到了体现，行为监管呈现出与审慎监管职能的相对分离，即"独立化"的发展趋势。如美国设立了消费者金融保护局（CFPB），负责对提供信用卡、抵押贷款和其他贷款等消费者金融产品及服务的金融机构实施监管，保护金融消费者权益。该机构虽然隶属于美联储系统，但保持独立的监管权，且美联储不能修改 CFPB的职责，不得妨碍该机构的决策。英国将原金融服务局（FSA）拆分为审慎监管局（PRA）和金融行为监管局（FCA）。FCA 主要负责整个金融行业服务行为的监管，并对财政部和议会负责。除发达国家外，许多发展中国家也设立了独立的金融消费者保护机构。如马来西亚的金融调解局、墨西哥的国家保护金融服务者委员会、秘鲁的金融督察专员局、塞内加尔的金融服务质量监督局等等。[①] 世界银行对 90 个国家金融消费者保护机构设置情况的调查显示，39 个国家设立了独立于审慎监管机构的金融消费者保护机构，25 个国家的金融消费者保护机构作为审慎监管机构的一个部门存在，7 个国家既设立了独立的金融消费者保护机构，也在审慎监管机构内部设立了相应的部门。

二、趋势形成背景

（一）随着全球金融市场的发展，金融消费者快速增长

世界银行《金融消费者保护的良好经验》指出，2007 年 9 月金融危机爆发前，全球每年大约增加 1.5 亿金融消费者，金融危机爆发后，金融消费者的增长速度有所放缓但增长依然明显。大多数新增的消费者来自金融消费者保护尚处于起步阶段的发展中国家。

（二）消费者在金融领域的诉求逐步深化，维权意识增强

在金融业发展初期，金融消费者的主体构成以及需求层次较为简单。以

---

① 王华庆：《论行为监管与审慎监管的关系》，载《中国银行业》，2014（5），http：// www. zgyhy. com. cn/hangye/2014－06－16/821. html。

银行业为例,消费者即小储蓄者把钱存入银行,他们的利益诉求只是希望能够到期安全取回本金和利息。在此背景下,加强银行体系的流动性管理和支付体系建设既是审慎监管的需要,也是金融消费者保护的需要,二者的目标基本一致。随着金融业的拓展以及金融产品的不断丰富,尤其是互联网金融的突飞猛进,消费者的总体风险偏好出现抬升,即除了安全性的诉求之外,愿意主动承担一些金融风险来获取更高的投资收益。此外,消费者金融活动的范围也在不断扩大。金融消费广度和深度的拓展使得消费者对于自身权益更加敏感,消费主权意识不断觉醒。

(三)金融危机的爆发进一步凸显了金融消费者保护的重要性

在危机的源头——美国,消费者的金融专业知识有限,而监管部门又对消费者的保护不足,使得消费者很容易受到金融机构的不良诱导,购买了大量与自身风险承受能力不匹配的金融产品,在一定程度上造成了次级按揭贷款的过度泛滥。[1] 危机爆发后,人们逐渐认识到,对金融消费者保护的忽视,以及多头监管局面的存在,使得监管套利和监管真空并存,金融消费者权益保护的有效性严重不足,进而危及金融体系的整体稳定性。

三、趋势形成动因与逻辑支撑

(一)有利于提升金融监管的有效性

在审慎监管与行为监管互不独立的情况下,相关监管职能往往散落于多家监管机构之中,如危机前美国的银行业行为监管职能分别由八家机构承担,制约了监管合力的形成,在信息收集、资源整合、经验积累、人员培养等方面也面临诸多困难,影响了监管效果。Nier(2009)通过对比一些国家在危机中的损失以及所采取的监管措施表明,相比于那些只有一家单一的综合监管机构同时负责消费者保护和审慎监管的国家,具备相互独立的消费者保护和审慎监管机构的国家普遍能更好地经受住金融危机的考验。[2]

---

① 刘鹏:《金融消费权益保护:危机后行为监管的发展与加强》,载《上海金融》,2014(4):71-77页。

② 转引自刘迎霜:《论我国中央银行金融监管职能的法制化——以宏观审慎监管为视角》,载《当代法学》,2014(3):120-128页。

（二）有利于缓解监管目标冲突

尽管审慎监管与行为监管在一定程度上存在互相促进的关系，但同时，由于二者代表了不同的利益主体，必然会产生目标冲突。例如，为了提升金融机构的盈利能力，将存贷款利差维持在一个较大水平是有利的，但无疑会损害金融消费者的权益。而增强消费者的金融可获得性，促进金融的包容性发展，则会在一定程度上影响金融机构的稳健性。如果将两种监管职责交由同一个机构承担则必然存在厚此薄彼的情况，寄希望于监管机构的自我纠正、自我博弈并不现实，保证行为监管机构的独立性可以有效缓解这种矛盾。

（三）有利于保护金融消费者权益

从表面上看，金融机构与金融消费者是平等的民事主体关系，但实际上，由于话语权差异以及信息不对称等原因，消费者处于明显的弱势地位，二者的关系并不平等，金融机构更容易对监管机构进行"监管俘获"，对消费者的权益构成侵害。而相对独立的行为监管可以加强对金融消费者的倾斜性保护，进而构建金融机构与金融消费者事实上的平等关系。

整体来看，关于行为监管机构的独立化同样也存在一些负面影响，需要加以关注。如行为监管机构与审慎监管机构之间的协调成本较高，对消费者的过度保护可能会阻碍金融创新，等等。同时，行为监管机构的独立性还受到来自经济和政治多个方面因素的影响，需要综合考量。

第二节　行为监管功能化

一、内涵及表现

行为监管的功能化可以概括为行为监管的政策制定和规则设计不以金融机构类型为依据，而是更多地围绕金融产品的基本功能来进行。更具体而言，行为监管部门可以通过分析产品和服务的实际功能以及这些功能的实现程度与消费者需求之间的差距来对金融经营行为进行规制，以实现保护金融消费者权益的核心监管目标。在一些国家的金融监管实践中，已经体现出一些功能化的色彩。例如，英国在基于目标监管理念建立准"双峰"金融监管模式的同时，在监管协调机制等制度的设计上也采用了一些功能监管的理念。美国则早在 1999 年颁布的《金融服务现代化法案》中确立了基于功能的金融监管体系，即由州和联邦银行监管者监督银行业务，州和联邦证券监管者统辖证券业务，州保险委员会负责监管保险经营和销售。[①] 2010 年 7 月，《华尔街改革与消费者保护法案》正式生效，将货币监理署、储贷机构监理署、联邦存款保险公司等七个联邦监管机构相应的金融消费者保护权限移交至 CFPB，使得美国功能化的行为监管体系得到了进一步整合。

二、趋势形成背景

对比各类监管模式的基本定义可见，机构监管、功能监管的划分是从监管方式角度出发，而"双峰"监管模式则是基于目标导向。这就意味着即便是实施"双峰"监管模式，在具体监管方式上也同样面临着是偏向机构监管方式还是偏向功能监管方式的问题。最近一轮金融危机爆发后，国际社会普遍达成了加强金融消费者保护的共识，也即从监管目标上确立了审慎监管和行为监管并重的"双峰"模式的改革方向。但具体地，各国基于对各自的金融业总体发展程度、金融业经营模式以及既往监管模式的路径依赖等原因考量，又选择了两种不同的改革路线。一是打破已有的监管格局，分别设立审慎监管和行为监管两个独立的监管主体，即"外双峰"模式，如英国。二是维持原有的监管主体不变，在相应的监管主体内部设立金融消费者保护部门，即"内双峰"模式，如中国。

在"外双峰"模式下，行为监管部门可以本着维护金融市场竞争秩序和保护金融消费者的原则，对所有金融机构的经营行为进行监督管理，不必考虑按照金融机构类型还是金融功能来划分监管边界的问题。而在"内双峰"模式下，很大程度上沿袭了原有的监管格局，监管边界的划分方式问题则无法回避。事实上，对大多数经济体而言，短时间内建立"外双峰"模式的必要性和可行性并不强，循序渐进地建立"内双峰"的监管模式则是更加可行的现实选择。因此，行为监管面临着机构化还是功能化的路径选择。

---

① Nier and Erlend Walter. Financial Stability Frameworks and the Role of Central Banks: Lessons from the Crisis. IMF Working Paper 09/70，International Monetary Fund，April 2009.

三、趋势形成动因与逻辑支撑

综观空间维度上各国对于具体监管制度的选择以及时间维度上金融监管制度的变迁历程，我们认为，尽管金融监管制度不存在绝对的孰优孰劣，任何一种监管模式都有其合理性和制度缺陷，但随着金融业的发展演进，金融混业经营已经成为世界金融发展的大趋势，相比较而言，基于金融功能的监管方式对混业经营的适用性更强，行为监管与功能监管的结合即行为监管的功能化更加有助于提升金融监管的有效性，降低金融消费者的维权成本。

（一）有利于提升监管的专业性

近年来，金融创新产品层出不穷，产品设计的复杂化程度越来越高，对监管当局的能力提出了很大挑战。监管机构所能动用的行政资源、工作人员的自身素质以及监管手段的专业化程度对于监管的有效性至关重要。以金融机构为核心的监管模式在应对复杂的交叉性产品时可能显得力不从心，不能实施有效的前期介入，及时发现隐藏的潜在风险。此外，如果监管当局察觉到产品存在未知风险，而出于谨慎考虑延缓产品审批进度，则容易增加金融机构的应对成本，进而转嫁到金融消费者身上。相对而言，由较为固定的监管机构长期负责监管某一特定类型的金融业务更有利于丰富该领域的监管经验，提升监管的专业性。

（二）有利于抑制监管套利并减少监管真空

随着金融市场竞争的日趋激烈以及金融创新进程的加快，金融机构业务类型越来越多元化，银行、证券、保险等金融机构倾向于打破本行业传统的产品和服务理念，呈现出向综合性金融集团发展的趋势，在产品的功能设计上呈现出跨行业、跨市场的特征。在机构监管思路下，这些功能上相似的金融业务，很可能因监管机构的不同而受到不同标准的监管，形成不合理、不公平的监管差别，进而出现监管套利空间。同时，随着企业、居民等市场主体金融服务需求的多样化，传统业态间的交叉业务以及新金融业态逐渐发展壮大，如果按照金融机构所属类型来进行监管则会出现监管真空，加大影子银行体系风险，进而危害金融消费者权益。相反，以金融产品和服务的基本功能及其对金融消费者的影响来开展行为监管可以有效避免上述问题。

（三）有利于实现金融监管与金融创新的平衡

在机构监管模式下，由于监管部门难以对跨市场、跨行业的金融创新产品实施有效监管，其出于保护消费者权益或者自身的政治安全性考虑，容易采取叫停、禁止等简单的应对方式，可能对金融创新产生一定的负面影响。而功能性的监管方式可以更为有效地解决相关金融创新产品的监管权责归属问题，对于跨市场、跨行业的金融创新产品具有更强的风险判别能力和更强的市场监测手段，因而更有可能采取谨慎观察而非绝对禁止的监管方式，不会对金融创新产生负面影响。

当然，功能化的行为监管方式并不能解决监管中面临的所有难题，甚至会产生一些新的问题。比如，在功能监管理念下，金融机构的产品和服务体系根据不同的功能被拆分，兼营多种金融业务的金融机构必须同时遵守多个监管者的监管规定，会增加金融机构的被监管成本。同时，金融创新使得各类业务之间的界限变得越来越模糊，可能一款产品的业务链条同时涉及多种金融功能，会导致在监管主体划分上出现困难，等等。此外，金融消费者在购买金融产品和服务时往往将金融机构作为识别主体，一般不会分辨所购买产品的功能属性，一旦出现纠纷、投诉，可能影响消费者的维权效率。

第三节　行为监管宏观审慎化

一、内涵及表现

从理论和实践两方面看，行为监管与审慎监管（包括宏观审慎监管和微观审慎监管）作为金融监管的"双峰"是并行且相对独立存在的。国内外学者对于行为监管的研究一般也将其与审慎监管的区别作为起点，对二者之间的联系则未给予足够的关注。实际上，行为监管与审慎监管尤其是宏观审慎监管在监管理念和监管目标上存在诸多联系，在监管措施上也将产生协同效应。因此，行为监管的有效实施需要考量宏观审慎监管政策的响应以及与后者的协调配合，本书称之为行为监管的宏观审慎化。以美国为例，《华尔街改革与消费者保护法案》虽然赋予了 CFPA 相对独立的监管职能，但同时也规定，消费者金融保护受到金融稳定的制约，如果有三分之二以上的金融稳定监视委员会成员认为消费者金融保护的政策措施危及金融稳定，则可以对该措施进行否决。[①]

二、趋势形成背景

早在 1986 年，欧洲货币常务委员会第一次在公共文件中提到了宏观审慎政策的概念。此后，国际清算银行等组织给出了宏观审慎监管的定义，一些学者如 Crockett（2000）、Borio（2003）、White（2006）等围绕宏观审慎监管的必要性、与微观审慎监管的差别以及系统性风险特征等方面进行了研究讨论。危机后，宏观审慎监管的重要性得到了前所未有的关注，政策框架逐渐清晰。但总体上，宏观审慎监管更多地关注资本、流动性、风险拨备充足以及对系统性重要机构更为严格的审慎监管要求等方面，对于金融产品中潜在系统性风险事前识别和防范的重视不够。危机后的金融监管的改革沿着宏观审慎、微观审慎与行为监管三条主线分别展开，有必要重新审视行为监管与审慎监管尤其是宏观审慎监管的关系。事实上，已经有学者将防范系统性风险延伸为行为监管的政策目标之一。如廖岷（2014）认为行为监管有三大政策目标，即金融消费者保护、防范系统性风险以及培育公平公正对待客户的金融伦理和文化。[②]

三、趋势形成动因与逻辑支撑

（一）有利于抑制市场主体的群体性心理和行为偏差

根据行为金融学的相关理论可以发现，无论是金融机构还是金融消费者，都具有明显的羊群效应、动物精神等非理性特征，加上金融市场自身的复杂性以及跨时间、跨空间的产品特性，很容易导致市场主体出现心理和行为上的偏差，而金融机构和金融消费者的个体行为偏差如果得不到及时纠正则可能演变成集体行为偏差，进而危及金融体系的稳定性。因此，有效的行为监管措施既要以行为金融学为基础分析市场主体的个体行为，也要从宏观审慎

---

① 周小川：《金融政策对金融危机的响应——宏观审慎政策框架的形成背景、内在逻辑和主要内容》，载《金融研究》，2011（1）：1－14 页。

② 廖岷：《对危机后银行业"行为监管"的再认识》，载《金融监管研究》，2012（1）：64－74 页。

的视角关注个体行为偏差演变为系统性行为偏差的可能性。

（二）有利于金融产品系统性风险的早期识别

金融危机的爆发使人们深刻认识到对系统性风险监测、识别、化解机制的重要性。目前，宏观审慎监管框架的主要特征是建立更强的、体现逆周期性的政策体系，主要内容包括：对银行的资本要求、流动性要求、杠杆率要求、拨备规则，对系统重要性机构的特别要求，会计标准，衍生产品交易的集中清算，等等。这些基于宏观审慎视角的政策措施对于系统性风险的防范具有重要意义，但从某种程度上来看，这类监管政策手段对于系统性风险的早期识别和干预显得力不从心，需要行为监管方面更具主动性、前瞻性的介入式监管手段的配合，通过对金融产品、服务以及商业模式的事前审查，将那些可能引发系统性风险的产品特征消除在萌芽状态。

（三）有利于阻断系统性风险的形成与传导

Taylor（2009）认为，系统性风险有三个要素：一是风险触发事件，二是风险传导机制，三是金融风险对实体经济的影响。对这三个要素与行为监管、金融消费者保护进行关联分析可以发现，虽然金融消费者本身成为系统性风险触发事件的可能性不大，但消费者的非理性行为以及消费者对于市场的信心对于风险触发事件在金融体系内部的传导扩散以及向实体经济的蔓延起到至关重要的作用。如果可以在行为监管框架中引入宏观审慎的部分理念，加强对系统性风险形成与传导过程中金融消费者行为的有效引导，可以在一定程度上抵消风险事件对经济金融稳定的危害。

行为监管宏观审慎监管化的本质是两种监管方式的协调配合，尤其是行为监管对宏观审慎监管的配合，关键是行为监管如何围绕系统性风险防范这一核心任务对宏观审慎监管作出积极响应。这种协调或者响应需要建立在二者各自的核心监管目标、监管工具已经相对完善的基础上，短期内，重点应是强化各自的监管框架和监管能力建设，尤其是目前对金融消费者保护的探索尚处于初级阶段，对金融消费者的行为特征的总结梳理、金融消费者权益受到侵害的数据分析以及监管部门如何合理有效地对金融机构行为进行介入式干预等基础问题的研究还有待加强，因此，行为监管的宏观审慎化将经历一个相对漫长的过程。

第四节　行为监管国际化

一、内涵及表现

近年来，随着经济全球化的进程不断深化，金融资本的跨国流动日益频繁，规模不断扩大，大型金融机构的跨国经营活动的广度和深度都在迅速拓展，同时，各个经济体往来越来越密切以及在资本自由流动的大趋势下，一国的金融监管政策很容易对其他国家产生溢出效应，因此，金融监管国际化的必要性和紧迫性日益增强。在目前的国际政治经济格局下，金融监管国际化并不以超国家的实体监管机构的形式出现，而是表现为以现有的国际经济金融组织为依托，制定共同遵守的监管规则，各个经济主体间围绕共同的利益诉求和监管共识，开展广泛的跨国监管合作。

金融危机后，许多国际组织如二十国集团、世界银行、金融稳定理事会等，纷纷将行为监管提上重要议事日程，出台了相应的指导性意见。如二十国集团于 2011 年 10 月通过了《二十国集团金融消费者保护高层原则》（*High Level Principles on Consumer Protection*），列举了金融消费者保护应当涉及的基本领域和应当遵循的基本原则，为各国的行为监管立法的提供了重要参考。2011 年 10 月，金融稳定理事会发布了《重点涉及信贷的消费者金融保护》（*Consumer Finance Protection with Particular Focus on Credit*）以及《消费者金融报告》（*Report on Consumer Finance*）。2012 年 6 月，世界银行发布了《金融消费者保护的良好经验》（*Good Practices for Financial Consumer Protection*），从消费者保护制度、披露和销售行为、消费者账户的管理和维护、隐私和数据保护、争端解决机制、保障和补偿计划、金融教育与消费者自我保护能力和鼓励竞争等九个方面提出了加强行为监管与金融消费者保护的建议。

2013 年 11 月，全球首个金融消费权益保护的国际组织——国际金融消费者保护组织（FinCoNet）在法国巴黎注册成立，同年在葡萄牙召开首届年会，并宣布了基本宗旨和组织架构，成立了七人董事会。国际金融消费者保护组织（FinCoNet）将更好地促进国家间金融消费者保护经验交流与监管合作，推动金融消费权益保护国际规则的形成。

二、趋势形成背景

行为监管的国际化既有金融监管国际化的普遍背景，也有其差别化背景，主要是金融全球化加剧了金融消费者与金融机构之间的信息不对称，加大了行为监管难度。一般认为，金融机构与金融消费者在信息获取上处于不平等的地位，金融机构对所提供的产品尤其是一些复杂的金融衍生品具有绝对的信息优势，也可以通过分析消费者的征信记录和消费数据对其金融消费行为有较为准确的了解，而金融消费者尤其是一些信用评级体系不健全的发展中国家的金融消费者，则只能从媒体、亲友等非常有限的渠道获取关于金融机构及其产品的碎片化的、主观色彩较浓的信息。在当前的发展趋势下，金融全球化意味着更为强势的跨国金融集团的形成，以及产品设计的复杂化程度日益提高，使得金融消费者在信息获取上的劣势地位更加严重。同时，金融创新使得金融产业链条越来越倾向于向跨市场、跨行业的方向发展，当这种产业链条的延伸跨越国界，对于金融行为监管当局的洞察力和协调力将形成巨大的考验。

三、趋势形成动因与逻辑支撑

（一）有利于降低金融消费者与金融机构之间的信息不对称

金融消费领域的信息不对称主要由两大方面原因导致：第一，金融产品具有较强的专业性和复杂性，消费者对信息的理解能力与金融机构不对称；第二，金融机构尤其是大型金融集团往往具有相对垄断的市场地位，其利用信息优势和市场地位优势并未进行有效的信息披露，存在故意隐藏重要信息、规避自身责任的动机。在金融全球化的背景下，导致金融消费领域信息不对称的两方面力量都更加强大和复杂。而行为监管的国际化一方面可以通过国家间金融消费者教育的联合行动，进一步提升消费者对金融市场产品和服务的理解力；另一方面可以通过强化对跨国大型金融集团的信息披露要求来保障消费者的知情权。此外，行为监管机构的跨国合作可以为金融消费者提供金融产品标的所在国经济金融形势及标的本身真实状况的客观信息，更有利于消费者作出理性决策。

（二）有利于监管规则对接，减少跨国大型金融机构的监管套利空间和应对监管的成本

放眼全球，各国的政治体制和经济金融环境存在诸多差异，金融监管理念和监管文化也不尽相同，此外，国际金融中心地位的竞争也加剧了这种国家间的金融监管差别，从而为金融机构进行跨国监管套利提供了空间。尤其是对于行为监管这样一个相对新生的事物，各国的监管实践基本都处在探索阶段，实际效果尚有待观察和检验，并没有明确的证据表明存在一种最优模式，因此，各国无论从监管模式的选择、监管规则的设定还是更深层次的监管理念的认知上，均尚未形成一致意见，导致监管套利更容易发生。加强行为监管领域的国际协调与合作，可以在更大范围内、更深层次上达成监管共识，通过监管理念上的相互渗透和监管规则的协调对接，为国际行为监管统一标准的制定和实施奠定基础，抑制行为监管领域的跨国监管套利，更好地保护金融消费者权益。同时，随着各国行为监管规则的差异缩小，金融机构在跨国展业过程中为适应当地规则所需要付出的成本减少，面临的相应的政策风险也有所降低。

（三）有利于降低各国行为监管的难度和金融消费者的维权难度

在金融全球化背景下，对于一国行为监管当局而言，在遇到跨国金融纠纷时，往往受制于监管能力和监管权限而无法对侵权金融机构进行有力威慑，甚至可能面临来自金融机构东道国的政治压力。对于金融消费者而言，则更加难以与大型跨国金融集团进行对抗，尤其是对于一些跨国金融监管或者司法方面的空白、灰色地带，可能面临投诉无门的窘境。因此，无论从行为监管当局还是金融消费者的利益出发，加强跨国监管合作都是现实诉求和必然选择。

虽然行为监管的国际化作为一种趋势似乎已经得到确认，但在具体操作上仍然存在诸多问题，在未来的深化中还会面临很多挑战。这些问题和挑战一方面来自普遍意义上金融监管国际化面临的共性问题：一是金融监管的国际化必然涉及主权国家的金融利益让渡，各国出于本国利益考虑，对于统一监管规则的制定以及具体实施节奏等很容易出现分歧；二是金融监管国际化虽是一种共同行动，但也面临主导和跟随的问题，在规则制定中，经济更发达、金融监管水平更高的发达国家拥有更大的话语权，发展中国家处于被动

的不利地位；三是金融国际化是建立在各国具有相同利益诉求的基础之上的，与国情息息相关，而当前各国的经济金融发展水平存在较大差异，对于金融监管的诉求也不尽相同，甚至存在矛盾和对立，协调过程将十分复杂。

除了上述共性问题之外，行为监管国际化也受到一些特殊因素的制约：一是相对于审慎监管，各国在行为监管的重要性、监管范围的确定以及监管理念、技术等多方面都缺少共识，被证明行之有效的可复制可推广的先进经验甚少。二是行为监管领域的国际合作仍较为散乱，以点上的突破为主，缺少类似审慎监管领域中巴塞尔委员会之类的权威的国际监管协调组织机制，也没有系统性的监管合作安排，影响了行为监管国际化的整体进度。

第二篇　经验篇

第四章 行为监管的国际经验借鉴

经历了 2008 年的国际金融危机，各国政府金融监管部门愈加重视行为监管在维护金融消费者权益和提振市场信心方面发挥的重要作用，美国、英国、日本等国家纷纷在金融监管改革过程中专门增加行为监管的内容，以保证市场充分的公开透明。本章内容主要分析发达国家在行为监管方面的实践经验及给我国金融监管体系改革带来的启示。

第一节 美国行为监管的实践经验

一、次贷危机前美国行为监管的实践经验

美国在 1999 年通过了《金融服务现代化法案》，这项法案标志着美国的二级多头式监管模式的形成。所谓二级多头式监管，即一种介于统一监管与分业监管之间的新型监管模式。在这种模式下，由联邦监管部门对银行、证券和保险业务进行监管。联邦一级的监管部门主要包括联邦储备委员会（FED）、联邦存款保险公司（FDIC）、货币监理署（OCC）、联邦储备贷款保险公司、证券交易委员会（SEC）、美国保险监督官协会（NAIC）、联邦住房放款银行委员会以及联邦储备监督署（OTS）等。①

在美国的这种监管体制下，联邦一级的消费者保护监管部门和州级二级监管部门共同组成了美国的消费者保护监管体系。联邦储备委员会、证券交易委员会、美国保险监督官协会、货币监理署和联邦存款保险公司共同构成了联邦一级的监管部门。联邦一级监管部门和二级消费者保护监管部门都是保护银行、证券、保险行业的消费者。但是，这种监管框架有着不可忽视的

---

① 王勤：《基于消费者保护的金融监管研究》，武汉大学博士论文，2010。

缺点，如监管成本高，效率低，监管重复与监管真空并存。

在保护消费者权益的各个监管机构中，作为美国中央银行的联邦储备银行承担着银行、证券、保险行业及金融控股公司的消费者保护和教育职能。货币监理署主要是对银行的各项基础业务进行审批，制定相关的法律文件。对商业银行的存款保险业务进行监管的是联邦存款保险公司。保险监督官协会协助联邦保险监管机构开展监管活动，它由美国 55 个州级（哥伦比亚行政区、50 个州和 4 个美属准州）保险监督官组成。证券交易委员会主要监管柜台交易经纪人、做市商、投资顾问、投资公司及其他从事证券业的机构或个人的经济行为。作为美国证券业的最高机构，证券交易委员会具有准司法权力、立法权和独立的执法权。

二、次贷危机后美国行为监管的改革

2008 年的金融危机是美国历史上继 1929—1933 年"大萧条"以来最严重的一次金融危机，也引发了美国对当下监管模式的重新思考。此次危机使美国金融监管部门饱受对消费者保护不足的批评，因此，美国政府深刻吸取此次金融危机的经验教训，采取了一系列措施加强消费者保护。为了应对危机带来的各种问题，稳定全国的金融市场，重新树立消费者对美国经济的信心，2009 年 6 月，美国提出了《金融监管改革——新基础：重建金融监管的改革方案》。方案中明确此次金融危机的一个重要原因就是对金融消费者保护不力，并提出了三项具体改革措施，如增强金融产品与服务的透明性、公开性、简单性和可得性，成立专门保护消费者权益的独立的消费金融保护机构——金融消费保护局（CFPB）以及加大对投资者的保护力度。其中，成立金融消费保护局最为引人关注。方案还规定，金融消费保护局有权制定规则、从事检查、实施罚款等惩戒措施，并加大力度监控按揭房贷、限制银行向借款人的乱收费、明确规定信用卡收费方式和房贷衍生品的实际成本。此举目的在于保护消费者权益不受侵害，加强消费者权益保护。

此后，美国在 2009 年 10 月、12 月又相继推出了《金融消费者保护机构法案》（*Financial Consumer Protection Agency Act*）与《华尔街改革与消费者保护法案》（*The Wallstreet Reform and Consumer Protection Act*）两份文件。前者目的在于设立相对独立的消费者保护机构。后者则在前者的基础上建立了更为完善严谨的金融改革方案。

第二节　日本行为监管的实践经验

日本主要采用一级多头金融监管模式。该模式将主要监管权力归于中央，多由两个或两个以上的监管机构构成，通常情况下包括中央银行和财政部。

一、次贷危机前日本行为监管的实践经验

日本的金融制度与西方发达国家存在很大不同。在日本传统的监管模式中，大藏省和日本银行具有不同的职能。日本银行主要对本行的往来账户或在日本银行进行贷款的机构实施监管，其在行政上接受大藏省的领导和监管，所以日本银行的监管效果并不显著。不过，伴随着《日本银行法》的贯彻实施，日本银行的独立性不断提升，最终于2001年日本新型金融监管体制基本形成。在这种新体制下，金融厅处于核心地位，独立的中央银行和存款款保险机构共同参与其中，三者共同构成了一个较为完善的监管系统。

在日本一级多头式监管体制下，消费者权益的保护在20世纪90年代中后期不断得到加强。其具体手段主要体现在三方面：一是完善存款保险制度，二是对保险契约者进行保护，三是建立并完善投资者保护基金制度。三方面共同构成了对金融交易保险体系的扩充与完善。

（一）完善银行存款保险制度

日本完善银行存款保险制度主要从调整存款保险费率和调整相关制度入手。一方面，将1996年前的0.0012%调升至0.0084%（包括0.0048%的普通保险费率和0.0036%的特例保险费率）。其中，特例保险费率是用以应对金融机构的经营危机（实行期限是5年）。调整幅度比较大。另一方面，将原日本银行副总裁的存款保险机构理事长职能交由大藏大臣，之后又交由了内阁总理大臣。

（二）建立保险契约者保护机构

1998年12月，日本成立了保险契约者保护机构，该机构建立的目的在于保护投保人的权益，防止因保险公司破产而给投保人的保费带来损失，即一旦生命保险公司破产，在该保护机构的保护下，投保人的保费不会全部损失。

在 2000 年 4 月之前，保险契约者保护机构对投保人的全额保费进行保护，之后，保费的保护额度下调到了 90%。

（三）健全投资者保护基金制度

日本国内有两类基金组织：一个是以国内证券公司为主的日本投资者保护基金，另一个是以外资系证券公司为主的证券投资者保护基金。这两类基金组织都是对投资者个体的投资基金进行保护。然而，两类基金都有很多不完善的地方。20 世纪 90 年代，一些大型证券机构纷纷破产，日本再度将目光投向投资者保护基金制度。此后，日本规定，投资者投入证券公司的资金将受到全额保护，之后将单个投资者的保障额度限定在了特定额度范围。

总之，随着经济的不断发展，日本的一级多头式监管体制也随之不断完善，逐渐成熟的监管体制着力维护消费者的利益，保障存款人和投资者利益不受侵害。但是，中央银行在整个监管系统中发挥的作用非常有限，没有足够的权威性和强制性。相反，由于监管范围过于庞杂，大藏省在监管过程中也存在着不同程度的低效。

二、次贷危机后日本行为监管的改革

在 2008 年的金融危机中，日本金融市场所受到的冲击较小，究其原因，一方面是日本金融市场的发展还滞后于整个国际金融市场的发展，这归结于日本常年的经济衰退。另外一个重要的原因就是，自 20 世纪 90 年代的经济衰退和亚洲金融危机之后，日本政府不断重视金融监管，完善金融监管体系，此举也大大减轻了日本在此轮全球性金融危机中的消极影响。

随着美国次贷危机逐渐演变成全球性的金融危机，欧美许多国家都开始对金融监管体系进行改革。日本金融厅虽然实施了一些应急措施以应对本轮金融危机，但是并未针对金融监管实施过多的长期调整措施，只是制定了一些应急措施以稳定市场。具体涉及到消费者保护的措施主要有以下几个方面：一是修改《监管指导与金融检查手册》，通过变更贷款条件缓解中小企业贷款难的问题；二是通过修订《金融功能强化法》，以国家注资的方式加强金融对经济的支持作用，解决中小企业融资难的问题，促进地方经济与中小企业协同发展。此外，日本金融厅制定了关于监管结构的中长期的治理整顿措施，比如，将行政资源用于金融危机分析上、明确证券化产品的基础资产、加强评级公司监管以及强化金融厅内部机制等。不管是日本的短期应急措施还是长期的整顿措施，都在不同程度上体现了对金融消费者利益的保护，但是与美国、英国等国家相比，改革力度较小，也没有明确提出加强金融消费者保护的法案。

第三节　英国行为监管的实践经验

英国有着较为悠久的金融业发展历史，市场制度较为完善。在推动金融创新的同时，其在行为监管方面尤其是消费者权益保护方面也作出了十分有效的探索，值得我们借鉴和参考。

一、次贷危机前英国行为监管的实践经验

1997 年之前，英国尚未成立金融服务局，全部监管权集中于英国中央银行即英格兰银行。在这种监管模式下，不同的监管机构对不同的金融机构和金融业务进行监管。1986 年的《金融服务法》和《1987 年银行法》规定，英国的金融监管主要由英格兰银行审慎监管司（SSBE）、证券和投资委员会（SIB）、个人投资局（PIA）、投资管理监管组织（IMRO）、证券和期货监管局（SFA）、房屋互助协会委员会（BSE）、贸易和工业部的保险董事会（ID-DTI）、互助委员会（FSC）和互助会登记管理局（RFC）九家机构共同实施。同时，根据被监管机构的业务类型分别设置相对应的监管体制。[①]

1997 年，英国金融服务局（Financial Service Authority，FSA）成立。该机构逐渐发展为集银行、证券和保险业三大监管责任于一身的综合性监管机构，并有权制定监管法规，颁布和实施监管准则以及给予被监管者相关建议。同时，有权制定金融业务的一般性政策和准则。英国金融服务局的两项目标更是与消费者权益息息相关：一个是进行投资者教育，使投资者对金融市场和金融产品的风险有更清晰的认识；另一个则是为消费者提供基本的保护。

在金融服务局的监管架构下，吸收存款机构处、投资公司处、保险公司处、金融集团处以及市场和交易所处都具有保护消费者权益的职能。这些机

---

① 王勤：《基于消费者保护的金融监管研究》，武汉大学博士论文，2010。

构根据企业和消费者类型的不同进行分类监管。其中金融集团处负责监管银行、证券和保险业务等涉及到的消费者保护问题。

（一）消费者保护政策

2000 年颁布的《金融服务和市场法》规定，FSA 有权制定、颁布和实施与保护消费者权利有关的法规和行业准则，其中实施"金融服务补偿计划"是零售客户寻求补偿的一个重要方式。新的"金融服务补偿计划"与旧的金融补偿计划相比，在消费者保护方面有两个重要的变化。一是申请补偿人的资格条件的变化，即除了那些被划入除外类别的机构和个人（包括大型公司和大型合伙人企业）外，都有资格申请补偿，其前提是申请人不会因为获得补偿而得到额外的好处。二是对存款和一般保险的补偿限额有所提高，这一变化主要体现在对不富裕人群的保护程度。新计划着重改善普通消费者和小企业的状况，符合 FSA 提高市场信心和加强对消费者保护的法定目标。

（二）消费者教育政策

英国金融监管体系中最重要也是最具特色的一环便是重视对金融消费者的教育。FSA 的消费者服务工作就包括设立消费者咨询热线服务、直接向消费者提供金融信息服务和个人理财教育等。

金融投资者从 FSA 的消费者服务工作中获得了相应的投资理财知识和相应技能，能够更好地参与到个人财务处理关系中。同时，消费者保护教育的推行也可以有效减少消费者损失，使消费者对自身的权利和义务有更明确的了解。

一方面，集中单一式监管模式在监管者和被监管者之间建立起了一种相对信任的和谐关系，监管方式灵活自由，监管目标更加容易实现。同时，英国消费者保护程度也随着 FSA 对消费者保护目标的重视而不断加强。另一方面，该监管模式较多依赖监管者的人为因素，且不能对监管者进行有效的约束。

二、次贷危机后英国行为监管的改革

次贷危机前，基于《金融服务和市场法》，英国建立了较为完善的金融监管体系，FSA 实施统一监管。本次国际金融危机后期，英国重点在金融监管方面进行了改革，主要措施有五方面：第一，建立专门机构，强化金融稳定目标，并重视系统性风险的监管；第二，明确监管部门在危机银行处理中的权限与程序；第三，强化金融监管机构间的协调；第四，加强金融消费者保护；第五，加强国际、欧洲金融监管合作。其中，第四条加强金融消费者保护充分反映了对消费者利益保护的诉求。2012年12月，英国女王批准了《金融服务法案》（*Financial Service Act* 2012），并于2013年4月1日正式生效。该法案对英国金融监管体制进行了彻底改革，设立了三个独立的金融监管机制，即金融政策委员会（FPC），以及将原来的金融服务监管局（FSA）拆分为审慎监管局（PRA）和行为监管局（FCA），由行为监管局专门负责行为监管和消费者权益保护等工作。

金融危机不但会严重影响经济的发展，还会对一个国家的金融系统造成侵害。消费者尤其是个人和小型企业不能享受到本应享受的服务，金融消费者利益受到侵害，对金融市场的信心受到压制。因此，英国的消费者保护监管改革着重强调消费者对金融服务需求的可得性，要求金融机构提供的金融产品和服务要足够透明，同时强化了对存款人利益的保护。

具体而言，英国消费者保护监管的改革主要体现在以下四个方面：

一是强化对银行业消费者的利益保护，具体体现在对支付、信贷、存款账户以及利率的调整上。在改革中，银行必须充分披露产品或服务的相关信息；对活期存款支付适当的利息；当关键条款发生变更时提前通知消费者；当消费者实际借贷额超过预期借贷额时，银行须归还超额部分。不对提前还款收取费用或利息、客户还款须优先用于偿还欠款而非罚息、充分考虑借款者可能发生的状况等。

二是将对消费者利益的保护纳入对金融机构的评价体系中。为有效保护消费者利益，监管部门要求零售金融产品以平等对待客户（TCF）为监管导向，TCF于2009年纳入监管框架下的ARROW评级内容。

三是完善事后处置信息披露机制和消费者补偿机制。提出要求银行、保险机构和养老金等完善消费者投诉处理办法；对于半年时间内接收投诉次数高于500起的企业，要求对投诉数及其处理数、两个月内处理完成的比例等进行每两年一次的信息披露；完善银行破产金融服务赔偿计划（FSCS），简化赔偿程序，一旦银行破产对存款人进行全额赔付。

四是强化事后追偿责任并实施合理惩处。英国于2009年7月推出的金融市场改革方案中提出，对于给多数消费者带来损失的金融产品或服务，消费者有权要求产品或服务的提供者赔偿损失；对于不能公平对待消费者的金融机构，将进行惩处或要求关闭；同时加强证券市场上的消费者警示或案件处置力度，以防止金融交易中的欺诈行为。

第四节　发达国家行为监管对我国的经验借鉴

发达国家在行为监管方面重点不同，各有建树。针对次贷危机暴露出的金融业存在的种种弊端，各国纷纷对现有的金融监管体系进行了不同程度的改革。这些改革在很大程度上反映出未来一段时间全球金融监管发展的主要趋势，会对全球包括中国在内的金融发展产生深远的影响。

一、完善法律体系保护金融消费者利益

美国在金融消费者保护领域的法律与其他发达国家相比相对健全。第一，针对银行信用的《诚实储蓄法》与《诚实信贷法》明确禁止银行通过广告或者其他形式提供不准确信息误导消费者选择；第二，《公平信贷机会法》规定银行必须平等对待所有消费者；第三，《诚实储蓄法》要求银行需向消费者充分披露信息，保证银行经营的透明度；第四，针对社区信贷需求制定《社区再投资法》；第五，有用以保护金融消费者隐私的《公开信用记录报告法》；第六，有规定金融机构披露可贷资金情况的《住房抵押披露法》。

2000 年，英国颁布《金融服务和市场法》，明确规定了金融管理当局对金融服务的监管责任。同时，该法令还规定金融管理当局具有保护消费者、推广消费者教育以及提高公众对金融体系认识的责任。

近十年来，日本一直在金融消费者保护方面强化法制建设与监管维护，它的金融消费者保护制度主要体现在《金融商品销售法》和《金融商品交易法》之中。其中不仅加强了对金融消费者权益保护的力度，而且加大了对违法违规行为的处罚力度。

二、设置专门机构执行金融消费者保护措施

美国的金融监管体系分为联邦和州两级，不同的部门对不同类别的金融

机构进行监管。以消费者金融保护局（CFPB）为例，危机后成立的CFPB在保证金融消费者获得准确有效的信息、利益不受侵害等方面发挥了重要作用。在英国，保护金融消费者的职能主要由金融服务局承担，作为一个综合性的监管机构，金融服务局主要从以下方面提供服务：第一，实施单一"金融申诉专员服务计划"，通过非正式程序处理消费者纠纷；第二，实施"金融服务赔偿计划"，一旦金融机构破产，CFPB要对该机构给消费者造成的损失进行赔偿；第三，进行消费者教育，为金融消费者提供有效的信息及指导意见，并且将金融知识教育纳入监管框架；第四，提供公众咨询服务，编写金融产品的对比表；第五，实施消费者调查；第六，建立金融申诉投诉服务公司，为金融消费者提供可替代的争议处理机制。此次国际金融危机后，英国进一步强化了金融申诉专员制度（FOS），解决消费者与金融机构的各类争议。

三、设立自律机制提高消费者保护力度

消费者保护监管改革的另外一个发展趋势就是建立全行业自律机制。以英国的《银行业守则》为例，根据自愿原则，各主要银行及房贷协会均遵循《银行业守则》。在执行上，委员会一般先将违规指控转给银行并采取合理措施。此外，对于不遵循《银行业守则》的机构，将在相关年报中将该机构的违规情况进行公布。同时，《银行业守则》还用于指引银行的经营活动，且有权公开谴责银行，并公布违规事件的详情。

四、放松对金融业管制的同时加强对金融业的监管

要减少诸如银行市场准入限制、价格管制等金融行政监管的成分，简化行政审批手续，调整监管方式和程序，扩大间接监管制约功能，在放松对金融业管制的同时加强对金融业的监管。一是要充分发挥社会监督的作用。发挥社会中介机构（如会计师事务所、审计师事务所、资产评估事务所）的审计监督作用，加强媒体监督，发挥投资人、债权人等市场参与者的监督约束作用；二是要在金融机构建立合理的内部控制机制，合理划分内部职责和权限，建立严格的授权和审批制度，建立独立的会计及核算体制，建立内部风险评估、监测、预警系统；三是要建立"阳光工程"，提高信息披露、资产评

估的真实性和权威性。[①]

五、强化金融消费者纠纷处理机制

美国的金融消费者纠纷处理机制较为完善。一旦出现问题，消费者首先可与拟投诉的机构直接联系解决问题。如果消费者对处理结果不满意，可向监管机构对该机构提出正式投诉，以求进一步的协调。监管机构在调查的过程中，如果发现相关的金融机构有违反保障客户法规的行为，可以直接开展执法行动。如果具体情况不严重，监管机构可以要求相关金融机构就具体违规情况进行书面或者口头的承诺，并进行补救。如果情况严重，监管机构可对相应机构提出正式的书面协议、勒令停止经营、禁止或免除相关活动的开展等。在投诉处理机制上，各国解决办法大体一致，都是先通过内部解决再进一步诉诸法律程序。

---

① 刘春红：《中德金融监管体系比较》，载《华东经济管理》，2006（10）：114－116页。

第三篇　实践篇

第五章 行为监管的国内实践

2008 年国际金融危机后，各国纷纷从立法和机构设置上加强金融消费者权益保护，我国的金融监管也在制度建设、机构设置方面体现出对金融消费权益的重视。2011 年 4 月至 2012 年 3 月，"一行三会"分别成立了各自的金融消费者权益保护机构，按行业监管职能实施行为监管开始稳步推进。随着金融创新的高地效应显露，地方政府更为重视地方金融的发展。地方金融监管部门也在积极防范伴随着金融创新可能出现的风险。本章对近年来我国实施行为监管的基本情况进行了回顾，分别涉及"一行三会"和地方的监管，并对地方交易所及天津市的行为监管做了专门介绍。

第一节 我国金融行为监管的发展现状

一、我国现行金融监管体制的形成

我国的金融行为监管基本上是以机构监管为基础展开的，特别是又以分业监管为主要模式。新中国成立后到 1983 年，中国人民银行既从事信贷业务又履行金融监管的职能，用计划经济手段直接干预经济运行。1979—1984 年，中国农业银行、中国银行、中国建设银行、中国工商银行相继成立或分设，1983 年 9 月中国人民银行开始向专事中央银行职能转变，但在 1984—1993年，中国人民银行仍然集货币政策和金融监管于一身，集中统一管理体制未变。

1992 年 10 月，国务院证券委员会和中国证监会成立，1998 年 11 月，中国保监会成立，2003 年 4 月中国银监会挂牌成立，至此"一行三会"的分业监管格局在行政组织上得以确立。随着《银行业监督管理法》《中国人民银行法》《商业银行法》《保险法》《证券法》《信托法》等法律的通过生效，我国分业经营、分业监管的管理体制进一步完善确立。

在此体制下，基本上以机构监管和资格监管为标志，进行审慎监管和行为监管。行为监管以保障消费者权益为核心，其目标是保持市场的公正和透明，监督金融机构对金融消费者的行为，维持金融消费者的信心。长期以来我国并没有明确提出金融消费和金融消费者的概念，相对于确保金融系统稳定运行的审慎监管，我国金融监管部门在行为监管方面的立法、组织建设和实践等方面相对滞后。

二、金融消费者保护机构成立前相关法律法规概述

在金融监管部门的消费者权益保护机构成立之前，我国虽然颁布了有关消费者权益保护的《消费者权益保护法》《产品质量法》《价格法》《广告法》等一般性法律，但这些法律法规对金融消费的特殊情形欠缺考量，不能完全适用于金融消费。相较于发达国家和中国香港、台湾地区，我国还没有形成系统化的金融消费者权益保护的法律体系。在分业监管模式下，金融消费者权益保护相关规定分散在"一行三会"相关法规文件中。

（一）证券业行为监管立法概述

在证券业的相关法律法规中，到目前为止还没有金融消费者的概念，其身份是投资者，关于投资者保护的核心法律是我国的《证券法》，另外还包括《证券投资基金法》、《证券公司监管条例》、《证券投资基金信息披露管理办法》、《上市公司信息披露管理办法》、《证券公司客户资产管理业务试行办法》等，这些法律法规虽然从国家法律到证监会规定再到交易所的规范、指引等，构成了体系完备的规则体系，但对投资者的权益保护主要体现在知情权上，即强调相关责任主体的信息披露义务。

（二）保险业行为监管立法概述

保险领域的金融消费者的身份一般是投保人、被保险人、受益人，保险业务经营机构对保险领域的金融消费者负有告知义务。保险人履行告知义务，主要是把保险条款交给投保人阅读，特别是提醒投保人注意其中关于责任免除的条款；未明确说明的，该责任免除条款不产生效力。投保人如有询问，

保险人应据实回答。① 这些规定针对的是投保人的知情权,投保人有权要求保险人如实告知保险的各种情况。另外,保监会发布的《关于规范人身保险业务经营有关问题的通知》中规定了"犹豫期"的制度,第四条第三款规定:"在犹豫期内,投保人可以无条件解除保险合同,保险公司除扣除不超过10元的成本费以外,应退还全部保费,并不得对此收取其他任何费用。保险公司对投资连结保险投保人在犹豫期内解除保险合同的费用扣除应当符合《人身保险新型产品信息披露管理办法》的有关规定。"这也是为了防止投保人因诱导或虚假宣传等情况而签订保险合同。《保险法》规定了完善的纠纷解决机制,以解决保险双方当事人之间因保险合同而发生的纠纷。因此,在保险领域,对于金融消费者的保护法规相对比较完善。

(三) 银行业行为监管立法概述

银行业在我国发展得比较早,但金融消费者的概念在银行业务中出现比较晚。因此关于银行业金融消费者权益保护问题的规定也并不完善。对于银行领域的消费者权益保护问题,主要体现在《商业银行法》中,在该法律中,消费者的身份主要是存款人和其他客户。另外,《商业银行个人理财业务管理暂行办法》《关于进一步规范商业银行个人理财业务投资管理有关问题的通知》《关于进一步规范信用卡业务的通知》《商业银行服务价格管理暂行办法》《中国银监会关于印发银行业消费者权益保护工作指引的通知》等相关文件也对存款人和其他客户的相关权益作了规定。

在消费者知情权方面,根据《商业银行理财产品销售管理办法》的规定,商业银行在销售理财产品时,应当向客户解释相关投资工具的运作市场及方式,以醒目、通俗的文字揭示相关风险,在营业网点公告有关服务项目、服务内容和服务价格标准,禁止商业银行在销售、代为销售金融产品时进行欺诈或不正当的诱导。在保护消费者个人信息方面,要求商业银行对在销售业务中获取的个人信息进行保密。但在处理争议方面,仅在商业银行开展个人理财业务和信用卡业务时,要求其建立投诉渠道。因此在银行领域,关于金融消费者权益保护问题的规定并不是很完善。

中国人民银行长期以来做了大量卓有成效的工作,如下发《中国人民银

---

① 强力:《金融法》,583 页,北京,法律出版社,2004。

行关于银行业金融机构做好个人金融信息保护工作的通知》《中国人民银行关于银行业金融机构进一步做好客户个人金融信息保护工作的通知》等，推动个人金融信息保护工作；从制度建设、加强对金融机构检查督导、加大打击假币犯罪力度等方面，加强反假币管理工作；在参与起草的《反洗钱法》、出台的《金融机构反洗钱规定》和《金融机构客户身份识别和客户身份资料及交易记录保存管理办法》等制度办法中，均以专门条款明确客户身份资料和交易信息的保密要求和使用范围，并对泄露个人隐私的行为给予行政处分或行政处罚等，及时纠正金融机构的违规行为，有效维护了金融消费者权益。

三、金融消费者保护机构成立之后的工作

由于我国金融监管没有统一的管理机构，采取分业经营和管理的方式，所以在金融领域，消费者保护工作也是由各监管部门分别开展。2008 年国际金融危机后，各国纷纷从立法和机构设置上加强金融消费者权益保护，我国的金融监管也在制度、机构方面发生了重大变化。2011 年 5 月，证监会获批设立投资者保护局，同年 4 月，保监会获批设立保险消费者权益保护局，2012 年 3 月，中国人民银行获批设立金融消费权益保护局，同时，银监会获批设立银行业消费者权益保护局。这样，在人民银行、银监会、证监会、保监会均设立了相应的金融消费者保护机构。其中"三会"的职责限定在监管机构范围内，而人民银行除依法开展人民银行职责范围内的消费者保护具体工作外，还负有一些综合和交叉职能，如综合研究我国金融消费者保护工作的重大问题，会同有关方面拟定金融消费者保护政策法规草案；会同有关方面研究拟定交叉性金融业务的标准规范；对交叉性金融工具风险进行监测，协调促进消费者保护相关工作等。四个专门机构的成立，初步形成了我国金融监管的消费者保护体系，相关工作也能够更加有序地开展，主要集中三个方面：一是对金融消费者的教育，二是对社会的金融知识宣传，三是金融消费纠纷调解。

2012 年 9 月，在国务院批准的《金融业发展和改革"十二五"规划》中明确提出，将建立金融消费者权益保护的申诉处理和处罚机制，加强金融消费者权益保护教育和咨询系统建设，提高金融消费者的安全意识和自我保护能力。2013 年底，国务院办公厅公布《关于进一步加强资本市场中小投资者

合法权益保护工作的意见》，提出了健全投资者适当性制度、优化投资回报机制、保障中小投资者知情权、健全中小投资者投票机制、建立多元化纠纷解决机制、健全中小投资者赔偿机制、加大监管和打击力度、强化中小投资者教育和完善投资者保护组织体系九条意见。

保险业是相对容易理解为金融消费的行业，因此，保险监管部门积累了较多的处理办法和规定，保险消费者权益保护局进一步梳理和清理了保监会成立以来与保险消费者保护相关的文件与制度，集中体现在抓理赔（下发10多份关于催促理赔的工作方案、通知和通报）、防误导（仅2012年就下发3份相关通知）、促调解（加强与行业协会、司法部门合作）、修合同（发布示范条款、加强费率管理等）等方面。

银监会印发了《中国银监会银行业消费者权益保护工作规划纲要》，通过规划对未来工作进行指导，《银行业消费者权益保护工作指引》和《银行业金融机构消费者权益保护工作考核评价办法》则是对银行业金融机构消费者权益保护工作的指引和考评依据。

《关于进一步加强资本市场中小投资者合法权益保护工作的意见》的出台是证监会投资者保护工作加强的重要标志。证券业对投资者的保护从知情权的保护扩展到参与权、投票权、分红权等多个方面。

中国人民银行金融消费权益保护局在理论基础研究、规章制度设计、工作机制构建、保护模式探索、投诉平台建设等方面做了有益尝试，发布了《中国人民银行金融消费权益保护工作管理办法（试行）》，启动了有关规章制度的制定工作。

第二节　地方金融行为监管

一、地方金融行为监管概述

党的十八大之前，地方政府在金融监管方面的职能随着"一行三会"监管架构的形成而逐渐丧失，甚至对完全由当地出资举办的信用社的监管资格也越来越模糊。但是长期以来地方政府一直是打击非法集资和处置相关风险的主要力量，各地一般都通过联席会议机制或领导小组的模式把地方部门和

"一行三会"的派驻机构联系起来，共同应对金融风险，尤其是事后风险的处置。

十八届三中全会《中共中央关于全面深化改革若干重大问题的决定》中提出，落实金融监管改革措施和稳健标准，完善监管协调机制，界定中央和地方金融监管职责和风险处置责任。这是中央首次以文件的形式明确要求界定金融监管和风险处置领域中央和地方的职责。由于地方政府对许多金融机构不具有审批和审慎监管的权力（相信随着行政审批制度改革，地方政府的审批资格会越来越少），也由于许多企业实际从事着与金融相关的业务却可以不被监管或者刻意回避了监管，地方政府的监管行为只能更多地依赖行为监管方式，通过对市场主体行为进行约束和监管，达到保护金融消费者、维护地方金融稳定的目标。

二、地方金融监管的主要职能

地方金融监管主要由当地金融服务办公室或金融工作局承担，其主要工作体现在两个方面的协调服务上：一是协调金融机构服务地方建设，即要为地方经济社会发展服好务，围绕中心、服务大局；二是协调地方政府服务金融机构，即要服务金融机构的发展，创造良好的金融生态环境。随着地方经济的快速发展，地方政府金融主管部门的职能范围不断被突破，从原来的协调服务、规划引导拓展到监督管理。

就其监管职能来说，总体上主要有以下方面：承担对辖区小额贷款公司、融资性担保机构、各类民间借贷中介组织和民间借贷活动的监督管理职责；承担对所辖区内非上市企业股权、产权交易等权益类和金融资产交易市场活动的监督管理职责；会同政府有关部门监督管理典当行、创业投资企业、股权投资企业、创业投资基金、私募股权投资基金、政府投融资平台公司等投融资机构；在民间借贷和非法集资案件多发的形势下，目前还承担依法开展打击非法集资、非法交易所等违法活动职责，维护金融秩序，守住防范系统性、区域性金融风险这条底线。

其中，小额贷款公司的审批和监管是人民银行和银监会通过共同发文《关于小额贷款公司试点的指导意见》交付于地方政府的，七部委又联合发布《融资性担保公司管理暂行办法》将融资性担保公司的审批权交给地方政府，商务部也推动了部分地方政府关于商业保理和融资租赁的审批和监管试点，这都是地方政府重新行使监管的重要标志。

再者，地方政府是大多数地方中小金融机构出资者和融资性非金融机构的实际审批者，按照"谁审批谁负责、谁监管谁负责、谁主管谁负责"的原则，地方政府也应切实负起对地方中小法人金融机构、融资性非金融机构等风险处置的主要职责。事实上当前和今后一段时期，我国发生系统性金融风险的可能性不大，但区域性金融风险防控压力较大。而在防控处置区域性金融风险方面，地方政府应承担主要职责，地方政府已逐步成为维护区域金融稳定的重要力量。

此外，地方性金融资产交易所的筹建和日常管理也都由地方政府负责，虽然这些交易平台的业务对象（银行、券商、保险公司、信托公司、租赁公司等）分别归属"一行三会"不同的主管部门监管，但是交易所这一主体并不直接由"一行三会"主管，银监会、证监会等监管部门只能通过银行、证券等交易所业务对象来进行业务干预，发挥间接监督管理职能。

三、地方金融监管的主要问题

当前，地方政府金融监管过程中政府与市场边界不清的问题仍然存在。如地方政府金融工作办公室或金融工作局普遍集协调、服务和监管职能于一身，甚至承担金融机构出资人职责，其发挥协调和服务职能主要服从于地方经济发展需要，以争取金融资源、推动地方金融扩张、强化部门职能为首要目标，这与金融监管目标存在一定冲突。

此外，地方金融监管权责不对称问题较为突出。一方面，小额贷款、融资性担保、商业保理、融资租赁等机构还在一定程度上存在着多头监管，地方政府承担的风险处置责任大于金融监管职责；另一方面，地方政府不拥有城商行、农信社等地方法人金融机构的监管权。权责不对称必然导致地方政府的工作被动，既难完整地建立事前风险防范体系，更难以有效确保事后处置效率，风险处置成本极高。

地方金融监管工作的核心是防范区域性金融风险和金融事件的集中爆发，因此，地方政府金融监管工作更加注重风险防范，更加注意保护金融消费者权益，在"一行三会"设立专门的金融消费者保护机构后，部门省市金融监管部门也开始设立专门的金融消费者权益保护处室。但由于地方企业参与金融活动具有主体多样性和形式多样性，单纯依赖管控准入的资格监管已经很难适应现实状况，必须加强对金融行为的研究并有针对性地出台行为监管办法，强化细化业务行为的监管而不论其主体资格。

地方政府金融监管最大的挑战在于众多民间金融活动。一个完善的金融市场体系应当是民间金融充分自由、充分活跃、充分理性地流转于金融市场与实体经济之间，民间资本广泛地、深入地通过金融市场参与实体经济应当是普惠金融的最主要表现之一。但是，由于我国金融市场体系的不完善、金融监管手段的落后、民间金融活动的非理性，我国民间金融常与非法集资、非法金融活动联系在一起，特别是在当前实体经济回报率较低的情况下，民间金融绕过监管的投机活动此起彼伏，各地非法集资案件和融资崩盘事件时有发生。因此，地方金融监管必须抛弃主体监管为主的监管思维，创新行为监管模式，只有坚持行为监管而不论主体资格才能解决当前对持照经营机构监管过度而对非持照经营机构监管缺位的尴尬现象。

四、地方金融行为监管的完善①

（一）设立权责明确的专业地方金融监管机构

目前，地方政府承担监管职责的部门主要是地方金融工作办公室，此外还有国资委、商务部门、中小企业局等部门，各地省联社则代表地方政府履行对农信社的管理职能。应整合分散在地方政府相关部门的金融监管职能，设立专业的地方金融监管机构，明确赋予地方政府与履行区域金融风险防范处置责任相匹配的监管权。

（二）清晰界定地方金融监管范围

从层级看，中央监管部门应主要负责监管跨区域的系统重要性金融机构，而地方金融监管部门则主要负责监管区域内的非系统重要性金融机构。从业态看，中央监管部门主要是分业划界，实施机构监管；而地方金融监管部门则必须顺应地方金融混业发展的实际，注重行为监管。按照上述原则，地方金融监管的对象应限定于区域性、非系统重要性的各类业态法人金融机构、

---

① 杨子强：《完善地方金融监管体制》，载《中国金融》，2014（5）：72-73页。

有关金融组织及市场。包括地方性中小法人金融机构、融资性非金融机构、地方性金融交易场所及民间借贷等。其中，权益类直接融资机构和市场应成为监管的重中之重，这符合地方金融发展趋势，其资本风险分摊机制也有利于缓释地方政府承担的风险处置责任。

（三）构建监管动态调整机制

地方金融监管的完善仍需时日，而监管对象数量、规模及其系统重要性也在动态变化，这就要求逐步拓展地方金融监管的对象并进行动态调整。从时间维度上，应首先整合分散在地方政府相关部门的金融监管职能，将不属于"一行三会"监管的各类具有融资功能的非金融机构纳入地方金融监管局的监管范围。以此为起点，逐步将监管范围拓展至服务于社区的农信社、村镇银行及其他新设立的社区性商业或合作金融机构，并最终覆盖所有地方法人金融机构。

五、地方行为监管实践——以地方交易场所为例

长期以来我国没有发展地方性金融资产交易场所。2010年6月，天津和北京相继宣布成立金融资产交易所，从此全国各省市在地方交易所设立的大潮中也纷纷设立金融资产类交易场所。据不完全统计，截至2014年底，全国至少有24家冠以"金融资产交易"字样的交易场所在运营。众多地方金融资产交易所的设立与地方交易所监管法规的缺失形成巨大反差，许多交易所潜藏着运营风险。

2011年11月11日，国务院下发《关于清理整顿各类交易场所切实防范金融风险的决定》（国发〔2011〕38号），启动交易所清理整顿工作。总体而言，虽然金融资产类交易所相较于其他类型的交易所暴露的风险事件要少得多，但由于金融资产交易本身蕴含的风险高，所以在交易所清理整顿中对金融资产交易所的规范要求也非常严格。该文明确建立由证监会牵头、有关部门参加的"清理整顿各类交易场所部际联席会议"制度，统筹协调有关部门和省级人民政府清理整顿违法证券期货交易工作，督导建立对各类交易场所和交易产品的规范管理制度，但不代替国务院有关部门和省级人民政府的监管职责。规定地方交易场所不得将任何权益拆分为均等份额公开发行，不得采取集中竞价、做市商等集中交易方式进行交易，不得将权益按照标准化交

易单位持续挂牌交易，权益持有人累计不得超过 200 人。2012 年 7 月 12 日，国务院办公厅发布《关于清理整顿各类交易场所的实施意见》（国办发〔2012〕37 号），继续加强对各地交易场所的清理整顿。

各省级政府对交易场所的监管虽然有所进步，但总体上看依然缺乏有效的监管。经历了数年的摸索，各省市先后于 2013 年和 2014 年出台当地的交易场所管理办法，为交易场所监管提供了法规依据。对比各地办法，虽然总体上以国务院《关于清理整顿各类交易场所切实防范金融风险的决定》为依据，主要监管要求也以此为准，但各地办法仍然有一定差异。

在交易场所的界定方面，一般是指从事权益类交易、大宗商品交易的交易场所，北京、浙江、吉林、福建、深圳明确"不包括仅从事车辆、房地产等实物交易的交易场所，也不包括由国务院金融管理部门履行日常监管职责的从事金融产品交易的交易场所"，而天津则仅指"从事权益类交易、大宗商品类交易的交易所"，江苏则泛指"在国发〔2011〕38 号文和国办发〔2012〕37 号文规定范围内的各类交易平台"。监管部门一般都是当地金融工作部门，有所不同的是天津设立了交易所监督管理委员会，深圳设立了交易场所监督管理联席会议制度。在设立条件方面，一般都在股东资格、注册资本、董事监事高管任职资格、组织架构和经营场所等方面提出要求，但也有具体特别要求的，如山东提出"应立足于服务实体经济发展，原则上应由地方政府或具备相关行业背景、信用优良、实力雄厚的骨干企业牵头组建"，深圳、吉林则对发起人提出主发起人"净资产不低于人民币 1 亿元，且资产负债率不高于 70%；近三年连续盈利，且三年净利润累计总额不低于人民币 3000 万元、累计纳税总额不低于人民币 1000 万元"、其他发起人"净资产不低于人民币 1000 万元"的要求，江苏则要求"股权应适度分散，股东不少于 5 名，其中法人股东不少于 2 名"。对注册资本提出明确要求的是北京（使用"交易所"字样的，最低限额为人民币 1 亿元，其他为人民币 5000 万元）以及浙江、江苏、吉林三省（对使用"交易所"和"交易中心"字样的，最低限额分别控制在 5000 万元和 3000 万元）。在对报批和报备事项的规定方面差异较大，具体见表 5-1，在这方面江苏省的监管最为严厉。

表 5 - 1　　　　　　　　　交易场所报批报备事项比较

序号	事项	北京	天津	浙江	江苏	福建	吉林
1	调整经营范围	▲	△	▲	▲	▲	▲
2	变更或新设交易规则	▲	▲	▲	▲		▲
3	变更或新设交易品种	▲	▲	△	▲	▲	▲
4	分立或合并	▲	▲	▲	▲		▲
5	变更名称	△	△	△	▲		△
6	变更注册资本	△	△	△	▲	▲	▲
7	变更住所	△	△	△	▲		△
8	变更法定代表人	△	△	△	▲		
9	变更董事、监事、高级管理人员	△	△	△1	▲	▲	▲
10	变更股东	△	△	△2	▲	▲	▲
11	修改章程	△	△	△	▲	▲	▲
12	注销	△			▲		
13	设立分支机构			△	▲		
14	对外投资				▲		
15	对外担保				▲		
16	变更企业类型		△				△

注：1. 浙江限总经理；2. 浙江、福建限 5% 以上股东变更，江苏股权比例累计调整超过 50%；3. 报批 ▲ 报备 △。

关于日常运营的规范要求，和省市表述不同，基本要求也有所不同，具体见表 5 - 2。

表 5 - 2　　　　　　　　　交易场所运营规范要求比较

序号	内容	北京	天津	浙江	江苏	福建	吉林
1	是否全国联席会"六不得"	▲	▲	▲	▲	▲	▲
2	统一或第三方资金结算和监管	▲	▲	△	▲	▲	▲
3	建立信息报送或披露制度	▲	▲	▲	▲	▲	▲
4	建立投资者适当性制度	▲	▲	▲	▲	△	△
5	建立投资者保密制度	▲	▲	▲	▲	▲	▲
6	制定突发事件处置预案	▲	▲	△	▲	△	△
7	手续费构成和标准专业评估	△	▲	△	△	△	△
8	建立市场交易风险防范制度	△	▲	△	▲	△	△

序号	内容	北京	天津	浙江	江苏	福建	吉林
9	建立电子交易系统	△	▲	△	▲	△	△
10	建立产品风险评估制度	△	▲	△	△	△	△
11	建立会员和中介机构监督管理制度	△	▲	△	▲	△	△
12	禁止操纵价格、参与交易、提供担保	△	▲	△	▲	△	△
13	是否要求第三方登记、存管	△	▲	△	▲	△	△
14	是否有部门设置要求	△	△	△	▲	△	△
15	是否有系统开发商要求	△	△	△	▲	△	△
16	禁止占用投资者资金、泄露内幕消息	△	△	△	▲	△	△
17	禁止虚设账户、虚拟交易、虚假宣传、代客交易、不平等交易条件	△	△	△	▲	△	△
18	交易场所或股东重大事项报告	△	△	△	▲	△	△

通过对比 6 省市对交易场所日常运营要求可以看出，要求最严格的是江苏省，其次是天津市。江苏省是唯一对计算机系统开发商提出要求的省份，是唯一要求交易场所以自有资金，并根据业务规模提取风险准备用于处置风险、补偿投资者损失的省份，是对交易场所及其业务相关机构侵害投资者利益的行为规定最为详尽的省份，是唯一规定交易场所对相关机构侵害投资者利益的行为承担管理责任及相应法律责任的省份，也是唯一要求交易场所及控股股东出现重大事项立即报告的省份。天津要求将资金清算结算、产品交割物流、交易数据存储及法律鉴证、贸易融资等后台服务逐步剥离，按照服务类别分别建立统一的交易所后台服务机构，建立清算服务机构、大宗商品交割物流服务机构和登记托管机构，并对交易场所服务机构一并监管。

但从实践看，各省市还没有完全按照管理办法的要求去监管交易场所，尽管如此，不同省市的管理办法对当地交易场所发展规模和质量的影响还是非常明显的。

第三节　天津市金融行为监管经验介绍

2005 年 10 月召开的中共十六届五中全会把推进天津滨海新区开发开放列

入国家整体发展规划。随后，滨海新区开发开放被纳入国家"十一五"规划。2006 年 6 月，《国务院关于推进天津滨海新区开发开放有关问题的意见》（国发〔2006〕20 号）公布，滨海新区成为上海浦东新区之后中国第二个综合配套改革试验区。文件中明示，在天津滨海新区综合配套改革试验重点工作中，金融改革和创新摆在首要位置；中国金融企业、金融业务、金融市场和金融开放等方面的重大改革，今后原则上将安排在天津滨海新区先行先试。

此后，中国银监会、中国保监会、中国人民银行先后与滨海新区进行了紧密联系与合作，在建设门类、功能齐全，结构优化，与国际接轨的金融组织体系，以及金融机构组织结构、金融业务、金融产品与金融市场方面的创新等方面进行了探索。

天津市金融改革创新得到了中央政府以及有关部委的大力支持。从实践结果来看，也确实取得了许多卓有成效的经济成果。本章从行为监管的角度，选取私募股权基金、融资租赁以及小额贷款公司这三种业态，梳理天津市政府在行为监管方面的探索与尝试。

一、管理私募股权基金方面的探索与尝试

天津滨海新区金融创新先行先试纳入国家战略后，私募股权基金被视为天津市金融改革创新的一项主要产业。加之 2009 年创业板正式开板，国内 IPO 市场的高度活跃，天津迅速成为中国私募股权基金的聚集地。2009 年、2010 年、2011 年，在天津累计注册的股权基金（管理）企业连年两到三倍递增。而从认缴资本来看，上述三年累计分别为 665 亿元、1637 亿元和 4609 亿元，2010 年是 2009 年的近乎三倍，而 2011 年又几乎是 2010 年的 3 倍。现在以行为监管的角度，总结历年发展得失，主要可以归纳为以下几点。

（一）以行为监管思想为指导，放松准入监管

我国私募股权基金在实践中最突出的问题表现在资金的募集环节，本质是放松了准入资格监管后行为监管的缺失导致基金管理人行为不受约束，从而形成大量风险。在私募股权基金快速发展之前，我国专业投资机构主要是创业投资机构，虽然我国股市发行节奏缓慢且退出渠道单一，投资形成的股权流动性差，但由于这类机构在组织形式上多为公司制，股权结构单一，投资者涉及面小，投资人与管理人权利义务没有分离，所以相关投资风险没有

爆发。

2007年5月9日,《中华人民共和国合伙企业登记管理办法(2007年修订)》发布。2007年6月1日起施行的《中华人民共和国合伙企业法》为以有限合伙制为特点的私募股权基金的设立提供了法律依据,被地方政府视作发展私募股权基金在组织形式上的突破口,因为在美国私募股权基金的组织形式主要是有限合伙。天津市政府几经研究,决定借助渤海产业基金作为我国第一只成功设立的产业投资基金的优势,率先发展私募股权基金,并向国家发改委提出申请。

2007年11月,天津市工商行政管理局发布《关于私募股权投资基金、私募股权投资基金管理公司(企业)进行工商登记的意见》,该意见充分尊重了私募股权基金的私募性质,认为相关投资人与管理人的行为及权利义务关系属于私人范畴,应当由相关当事人之间的契约约定,因此,政府监管部门既不进行具体规定也不要求相关信息报送和披露,只是对私募基金及管理人的名称、经营范围、注册资本底限和投资人数上限等基本问题按《公司法》等上位法进行规范。该意见甚至没有明确监管部门,只是要求相关机构"注册登记后,须持营业执照向天津市发展和改革委员会、天津市人民政府金融服务办公室和国税、地税管理部门备案"。

应当说,天津发展私募股权基金放松了准入资格监管要求,具有重大的金融先行先试意义,但放松了准入资格的审慎监管并不代表不监管,天津有关部门当时寄希望于引进国外成熟的私募基金契约管理经验,通过自律管理实现自我约束,这种思想跟行为监管很接近,但真正的行为监管理论和实践被广泛接受是在国际金融危机爆发之后。所以当时出台的优惠政策明显多于监管政策,以至于连备案要求也没有真正执行到位。

(二)地方经验得到了顶层设计的认可,产业体系环境完备

2008年天津发展私募股权基金获得国家层面支持,一是《国务院关于天津滨海新区综合配套改革试验总体方案的批复》(国函〔2008〕26号)同意《天津滨海新区综合配套改革试验总体方案》,该方案一个重点内容就是发展各类产业投资基金、创业投资基金,把天津逐步建成我国私募股权投资基金中心;二是国家发展改革委办公厅《关于在天津滨海新区先行先试股权投资基金有关政策问题的复函》(发改办财金〔2008〕1006号),同意募集规模不

超过50亿元人民的私募基金及其管理机构在天津注册登记。随后在当年11月，天津成立天津股权投资基金发展与备案管理办公室，作为负责股权投资基金和股权投资基金管理公司（企业）发展、备案和监管的职能部门，发布《天津股权投资基金和股权投资基金管理公司（企业）登记备案管理试行办法》，该办法通过备案管理事实上确立了监管部门对私募基金运营状况的知情权，并积极支持已在天津备案的股权投资基金和股权投资基金管理公司（企业）向国家发改委申请备案，但禁止任何形式的公开募集，原则上要求资金托管。

2009年9月，天津市发改委等5委办局联合下发《天津市促进股权投资基金业发展办法》（津政发〔2009〕45号），明确行业主管部门、备案管理制度、行业协会自律和优惠政策等内容。至此，加上2007年9月成立的集合大批国内一流股权投资基金管理机构的天津股权投资基金协会、定位为非上市非公众股权交易流转的天津股权交易所和天津滨海国际股权交易所、一年一度的国际融资洽谈会，天津私募股权基金发展的自律与管理环境基本形成，这样完整的配套安排至今全国独一无二。

（三）坚持制度先行，努力健全配套法规体系

1. 制定地方层面有关政策措施

事实上从2011年起，国家发改委已经加强备案管理要求。2011年1月31日国家发展和改革委员会办公厅向北京市、天津市、上海市、江苏省、浙江省、湖北省六省市发出《关于进一步规范试点地区股权投资企业发展和备案管理工作的通知》，提出规范股权投资企业的设立、资本募集与投资领域，健全股权投资企业的风险控制机制，明确股权投资管理机构的基本职责，建立股权投资企业信息披露制度，完善股权投资企业备案程序，构建适度监管和行业自律相结合的管理体制六个方面的要求。据公开可查的资料显示，只有天津据此出台了相关文件。同年7月天津发布《天津股权投资企业和股权投资管理机构管理办法》，严格了对股权投资企业及其管理机构出资人的要求，在操作上要求相关出资人出具无犯罪证明、自有资产证明、信用评级报告和无接受多个投资者委托认缴股权投资企业资本情况承诺书等要求，对管理机构高管人员从业经历、职责、公平对待投资人和基金投向及资金托管作出要求，且托管银行应当通过备案认可方可从业，对行业协会与中介服务机构提

出报备和配合监管提出要求，明确注册地对落户企业违规的处置义务，提高了股权投资企业及其管理机构的首次实缴资本底限，严格备案管理要求，对未按该办法规定备案的和运作不规范且逾期没有改正的、年检不合格被取消备案的股权投资企业向社会公告。

从 2012 年起，天津市政府在加大对违规违法私募基金侦查侦办的同时，持续出台文件约束管控私募基金的有关行为。2012 年 3 月发布了《天津股权投资企业和股权投资管理机构管理办法补充通知》，一是明确了对存量股权投资企业和股权投资管理机构的规范标准，实际是通过制定标准对存量不合格机构进行清理；二是进一步严格中介机构的责任，杜绝中介机构出具虚假意见；三是对股权投资企业和股权投资管理机构进行集中管理，划定了特定的区域和楼宇作为机构注册地；四是强化备案管理，对超过两年未完成备案的不再登记注册为股权投资管理机构，应申请变更名称、经营范围或注销。该通知实际上是清理存量不合规和休眠股权投资企业、股权投资管理机构的重要行为。

2012 年 8 月 1 日，天津市发改委等 5 委办局联合下发《关于股权投资企业的单个出资人最低出资、首期实际出资和自然人出资有关问题的通知》，要求新注册股权投资企业按照《国家发展改革委办公厅关于促进股权投资企业规范发展的通知》（发改办财金〔2011〕2864 号）及其相关规定的要求，每个出资人最低认缴（出资）金额 1000 万元人民币，股权投资管理机构在股权投资企业中出资不受此限制，普通合伙人在有限合伙制股权投资企业中出资不受此限制；新注册合伙制股权投资企业的首期实收（实缴）资本不少于2000 万元人民币。同时，天津市发改委配合中国人民银行天津分行研究制定了《天津股权投资企业账户管理暂行规定》（津银发〔2012〕28 号），对股权投资企业的验资账户、基本账户、托管账户进行了明确规定，对托管银行提出了具体托管要求，要求募集资金在银行实行封闭监管。

2012 年 9 月，天津市发展改革委等 4 委办局下发《关于加强股权投资企业和股权投资管理机构监管工作的通知》，一是进一步加强股权投资企业出资人的管理，强调自然人出资应具有风险识别能力和风险承担能力；二是加强管理机构出资人的管理，自然人作为管理机构出资人应未受过有关行政主管机关或司法机关的重大处罚，有相应的行业从业经验、资信和资金募集能力；

三是加强管理机构高管人员的管理，管理机构应至少有 3 名从业人员具备 2 年以上股权投资或相关业务经验；四是进一步加强中介机构和托管银行管理，中介机构由业务主管部门或行业协会推荐认定报市备案办，并将名单上网公布；五是加强股权投资企业资金募集和管理机构受托管理股权投资企业的监管；六是股权投资企业的行业自律和违规处置，出现不符合国家法律法规、国家和天津市股权投资企业政策问题的企业应当自查自纠，并将自查自纠情况报告注册地、天津股权投资基金协会和市备案办；七是建立依法诚信经营制度，相关信用信息纳入天津市企业信用信息数据库和自然人信用信息数据库管理。

2012 年 10 月，为进一步加强股权投资企业的托管规范管理，天津市发展改革委等 4 委办局又联合制定了《关于加强股权投资企业托管规范管理的通知》，要求托管商业银行严格审查股权投资企业提供的办理托管业务所需相关材料，对一年未发生收付活动的股权投资企业银行结算账户销户或列入久悬未取专户，还要求相关商业银行 2012 年底前将本单位股权投资企业结算账户开立和托管情况报送中国人民银行天津分行并抄送市备案办，对拒不签订托管协议或拒不完善备案条件的股权投资企业，要求注销或变更工商注册登记，对涉嫌非法集资的股权投资企业，各商业银行应配合市处非办进行风险处置，相关账户列入特别监管，不再办理托管业务。

2013 年 7 月 23 日，天津市发改委下发《关于支持我市股权投资企业退出有关业务的通知》，规定"因项目退出或收益分配等合理原因，股权投资企业需要办理减资业务的，注册（认缴）资本或出资人最低认缴（出资）低于设立时最低限额要求的，提供托管银行或股权投资基金协会出具的股权投资企业减资情况说明函，工商部门可为其办理股权投资企业减资手续"，"股权投资企业的退出收益征税方式，可采取按年度项目退出合并收益（盈亏相抵）后，按照税收规定计算应纳税款"，从规则上和税收上支持股权投资企业退出。

2. 与国家有关部委积极互动，中央政策与地方性规定互为呼应

由于国家发改委负责核准产业投资基金的设立，在产业投资基金设点开展数年后，私募股权基金的监管主体未明确之前，国家发改委实际上也在尝试私募股权基金的管理探索。2008 年 6 月国家发改委办公厅下发《关于在天

津滨海新区先行先试股权投资基金有关政策问题的复函》，支持产业（股权）投资基金和创业投资企业的有关政策在天津滨海新区进行探索和创新，同意受理在滨海新区注册登记的中小股权投资基金提出的备案申请。随后，国家发改委先后在天津滨海新区、北京中关村科技园区、武汉东湖新技术产业开发区和长江三角洲地区开展了股权投资企业备案管理先行先试工作。

2011年1月31日，国家发改委办公厅向天津等6个试点省市下发《国家发展改革委员会关于进一步规范试点地区股权投资企业发展和备案管理工作的通知》（发改办财金〔2011〕253号），要求试点地区设立的、募集规模达到5亿元人民币的股权投资企业接受强制备案管理、运作规范管理并按要求进行信息披露。

2011年11月23日，国家发改委下发《国家发展改革委办公厅关于促进股权投资企业规范发展的通知》（发改办财金〔2011〕2864号）和《国家发展改革委办公厅关于印发全国股权投资企业备案管理工作会议纪要和股权投资企业备案文件指引/标准文本的通知》（发改办财金〔2012〕1595号），正式在全国范围推行股权投资企业强制备案管理、运作规范管理和信息披露管理。2013年3月，国家发改委再次下发《国家发展改革委办公厅关于进一步做好股权投资企业备案管理工作的通知》，要求各地股权投资备案管理部门最迟于2013年6月底前以地方政府规章的形式出台各地方股权投资企业备案管理规则，全面摸清股权投资行业情况，做到"应备尽备"。

二、管理融资租赁业务方面的探索与尝试

我国租赁业发展的历史并不长，近几年得以真正快速发展。但是我国关于租赁监管的部门繁多交错，相关法规制度层出不穷且存在冲突，从我国引进融资租赁后第一个法规《海关总署关税处关于租赁进口设备申请免税问题的复函》（1982年7月9日）到最近的《金融租赁公司专业子公司管理暂行规定》（银监办发〔2014〕198号）（2014年7月28日），从地方政府出台的招商优惠办法到业务创新鼓励政策，至少有近400个法律、法规文件，这些法律法规大致能够反映中国关于融资租赁的法律体系的基本概貌。

相对于金融租赁，融资租赁一直由商务部推动试点并监管。其中内资试点一直按照省级或计划单列市商务主管部门组织推荐试点企业、商务部会同

国家税务总局对企业申报材料进行审核确认的方式进行，外资则按照《外商投资租赁公司审批管理暂行办法》进行，2013 年 10 月，《融资租赁企业监督管理办法》颁布实施后，内外资按照统一规则审批监管。

融资租赁公司的监管责任主要在地方政府，由于融资租赁在各地发展水平不同，所以监管实践也有差距。从目前看，天津的监管相对精细，且有明显的行为监管特征。天津除了出台税收、外汇结算等支持政策外，最大的特色为完善融资租赁登记和确权服务体系及规则，通过配套服务获取监管信息，引导租赁公司的经营行为。

天津是国内最早提出系统性支持融资租赁行业发展的地区。2008 年 3 月，国务院批复《天津滨海新区综合配套改革总体方案》，允许其先行试验一些重大改革开放措施。经历前期尝试后，融资租赁从中脱颖而出，成为天津金融改革的突出亮点。

2010 年 10 月，天津市出台《关于促进我市租赁业发展的意见》，提出"推进综合配套改革和金融改革创新，促进租赁业发展并成为我市重要的金融主导产业"的目标。该意见从租赁公司设立、多渠道融资、物权保护、市场培育、业务创新、财税优惠等方面明确支持租赁业发展的配套政策，尤其在物权保护、业务创新方面，是全国其他地区所没有的。天津将加快落实该意见中的各项政策措施，吸引各类租赁机构来津发展。

天津市政府与中国人民银行征信中心共同推动融资租赁登记和查询业务，2011 年 11 月，天津市政府发布《天津市关于做好融资租赁登记和查询工作的通知》，要求各融资租赁公司按照中国人民银行征信中心《融资租赁登记规则》的规定进行融资租赁登记，各银行、金融资产管理公司、信托公司、财务公司、汽车金融公司、消费金融公司、金融租赁公司、外商投资融资租赁公司、内资融资租赁试点企业、典当行、小额贷款公司、融资性担保公司在办理资产抵押、质押、受让等业务时，应登录征信中心的融资租赁登记公示系统，查询相关标的物的权属状况。2014 年 4 月再次发布《关于天津市融资租赁登记和查询有关工作的重要通知》，强调上述要求。

2011 年 11 月，天津市高级人民法院发布《关于审理融资租赁物权属争议案件的指导意见（试行）》，规定从事融资租赁交易的出租人，应当依照上述通知的规定，在"中国人民银行征信中心融资租赁登记公示系统"将融资租赁合同中载明的融资租赁物权属状况，予以登记公示。未依照前款规定办理登记公示的，出租人对租赁物的所有权不得对抗上述通知中所列机构范围内的善意第三人。2014 年 1 月，天津市高级人民法院发布《关于审理动产权属争议案件涉及登记公示问题的指导意见》，在应收账款质押登记、融资租赁登记、委托公示、查询证明效力、委托登记和自愿登记等方面都给出了指导意见。

2014 年 7 月，中国人民银行天津分行出台《关于促进金融租赁发展服务实体经济的指导意见》，从六个方面对金融租赁服务实体经济提出要求：一是发挥天津租赁业集聚优势，鼓励更多的金融租赁公司落户天津。二是密切关注先进制造业产业链构建、"小巨人"企业、楼宇经济的发展，积极推动有市场发展前景的高端装备制造、新一代信息技术等战略性新兴产业的发展，研究实施对全市重点发展的商贸物流、文化创意、信息消费、电子商务、大型会展和楼宇总部等现代服务业的租赁支持措施。三是加大融资租赁产品和服务的创新力度，创新发展厂商租赁、联合租赁、保税区租赁等业务模式。四是落实政策导向要求，加大对小微企业和民营经济的支持力度。五是认真执行融资租赁特别是售后回租用途管理规定，规范资金使用，防止资金违规流向限制领域。六是鼓励保险公司与融资租赁公司开展业务合作，鼓励各类融资性担保机构与融资租赁公司开展业务合作。

截至 2014 年 9 月末，天津共有融资租赁法人机构 267 家，注册资金近1080 亿元，而 2013 年末天津的融资租赁合同余额就达到 5750 亿元。《2014天津金融蓝皮书》指出，天津金融业在经营效益、融资功能和交易规模等方面取得明显提升。作为金融改革创新的重要成果，天津已成为目前国内最大的融资租赁聚集区。天津融资租赁业的发展速度快于全国平均水平，占全国的业务比重有所上升，这主要得益于政策支持。

2014 年以来，包括上海、深圳前海、广州、浙江等地纷纷出台促进融资租赁行业发展的相关措施，其核心措施均以天津融资租赁业的发展为参考蓝本。而天津几乎获得了关于融资租赁政策的所有优先试点，成功后陆续向全国其他地方推广。

三、管理小额贷款公司业务方面的探索与尝试

2008 年 5 月，中国银行业监督管理委员会、中国人民银行联合下发《关于小额贷款公司试点的指导意见》（银监发〔2008〕23 号），明确"申请设立小额贷款公司，应向省级政府主管部门提出正式申请"，"凡是省级政府能明确一个主管部门（金融办或相关机构）负责对小额贷款公司的监督管理，并愿意承担小额贷款公司风险处置责任的，方可在本省（自治区、直辖市）的县域范围内开展组建小额贷款公司试点"，同时对小额贷款公司的性质、设立条件、出资来源、资金运用等提出原则要求，而具体的审批和监管则由地方政府主导。随后各省级政府主管单位纷纷出台地方审批与监管办法，基本要求以该指导意见为准，但各地具体监管的操作则略有不同。

其中，相对于准入审批，对小额贷款公司年度考核评价和分类监管的经验应当视为行为监管实践。在各地小额贷款公司试点期间，对小额贷款公司的监管一般是采取"一刀切"的标准进行监管，主要是一些禁止性和限制性要求。随着小额贷款公司业务的发展，小额贷款公司和监管层都渐渐感觉到过于严厉的要求日益制约优质小额贷款公司的发展，在多数省市出现了小额贷款公司设立后不开展业务和违规开展业务并存的现象，因而有必要对小额贷款公司的业务行为加以监管，并根据监管结果对小额贷款公司进行评价评级。评级是分类评价的重要手段，通过评级来进行分类，从而帮助监管机构作出有效的技术分类管理，并对评级结果优良的小额贷款公司依次放宽业务限制。天津、山东、浙江、重庆、河北、安徽、河南、福建泉州、广东佛山等多个省市，都制定了不同版本的小贷公司评级制度，其中部分地区已进入实质性操作阶段，天津在这方面作出了相应的探索，并取得了一定成效。

天津市在先后出台《天津市小额贷款公司审批监管暂行细则》、《天津市小额贷款公司管理暂行办法》的基础上，2013 年发布了《关于推动小额贷款公司和融资性担保机构加大服务实体经济工作力度的通知》，将监管评级作为支持小额贷款公司差异化经营的一个主要区别手段。主要内容包括：视监管评级情况，允许优质小额贷款公司通过资产转让、同业拆借、发行债券等方式融资，放宽小额贷款公司融入资金规模限制；视监管评级情况，实行差别化对待，融入资金余额最高可至净资产的 3 倍；视监管评级情况，小额贷款

公司经批准可以试点开展委托贷款、股权投资等业务。此外，还进一步强调，要建立分类监管制度，按年度对机构进行监管评级，将机构支持实体经济发展工作成效作为监管评级的重要依据，根据监管评级结果实施差别化监管服务措施。对服务实体经济工作突出的机构，在变更事项审核、试点创新业务等方面设立绿色通道给予重点支持，并支持符合条件的机构优先接入中国人民银行征信系统，提升机构信用管理水平。

在具体实施方面，2014 年出台了《天津市小额贷款公司监管评级工作指引（试行）》，将监管评级的实施再次以文件形式明示。其中指出，"监管评级是指市人民政府金融办及区县人民政府金融主管部门依据日常非现场监管、现场检查及年审等工作所掌握的信息，从定量和定性两个方面对小额贷款公司合规运营情况及主要经营管理要素进行数据采集、评分、汇总、确定级别的过程"。通过监管评级系统地分析、识别小额贷款公司存在的风险等级和合规状况，并据此确定对小额贷款公司的监管规划和创新业务试点资格等差异化监管政策。进一步地，又将监管评级指标体系分为内控管理、信息化建设、财务指标、社会绩效、合规经营和调整项共计六大类，评级要素共 17 项指标，并由市金融办每年初根据行业发展实际及当年监管服务政策导向对评价要点进行修订。

可以说，这种考核评价和分类监管的做法既体现了审慎监管的思想，又符合行为监管的思路，反映了金融监管对金融市场体系变化的适应，对服务实体经济融资需求的支持。

第四节　我国金融行为监管的经验评述与展望

一、我国金融行为监管的经验评述

综观我国金融监管当前的特点，基本上可以理解为以审慎监管为核心，适度包容金融创新，近年来日渐关注消费者权益。

（一）从现行监管体制看行为监管

2003 年 10 月，经修订的《中国人民银行法》保留了中国人民银行为履行其中央银行职责所必要的金融监管权力，标志着我国目前以"一行三会"

为主体的"一元多头"金融监管体制的形成，即金融监管权力集中于中央政府，银监会、证监会、保监会分别监管银行、证券、保险机构及市场，中国人民银行、审计机关、税务机关等分别履行部分国家职能，其中中国人民银行处于核心地位，是全国金融业的最高主管机关，它不仅负责银行业和信托业的监管，还要从宏观上对证券业和保险业的监管予以指导，以保证整个金融业的健康发展。这种分业监管体制与我国金融分业经营体制相适应。

这种监管体制对行为监管目标和方式具有决定作用，主要表现在以下方面：

一是在我国金融业快速发展和形成的历史时期，监管部门监管下的行业和企业发展壮大与行业规范稳健同样符合监管者利益，因此，行为监管的设计更多的是从整个行业及金融机构个体的安全角度出发，着眼于金融机构和金融市场，以控制金融业的系统风险，而对金融消费者的利益关注不够。比如在非利率市场化条件下，监管机构完全可以通过利率规定将金融机构损失转嫁给金融消费者。

二是"一元多头"的分业监管体制成立的时间不过十余年，各金融机构的专业性仍然在持续形成过程中，这一过程常常伴随着监管与创新赛跑的过程，即金融机构为追求自身利益常常利用监管制度的缺陷进行产品改造，其结果往往是在形式上符合了监管要求，但在本质上却违背了监管初衷，这样就导致了行为监管政策的补丁式出台方式。我们常常会看到监管部门就某某规定出台补充规定、进一步通知和解释之类的补丁文件，类似文件还会出现与最初的文件不一致甚至相反的情形。这样做的结果就是将完整的行为监管制度碎片化，不能反映一贯的监管思想。

三是在分业监管体制中，各部门的行为监管规则缺乏协同性，同样的金融行为在不同监管部门下认定是不完全一致的，常常会出现监管真空或不协调，进而影响人民银行货币政策的作用，这就导致了所谓的监管套利，使得一些行为监管目标失控。

四是尽管在现阶段我国金融业的综合经营和混业经营还处于初级阶段，但已经不断朝着综合经营的模式发展，分业监管体制下的行为监管套利由机构间向内部化发展，在某种程度上加剧了金融不稳定，不利于金融业的发展。

（二）审慎监管与行为监管

我国金融分业监管的核心思想是审慎监管，既包括宏观审慎监管，也包括微观审慎监管，这一思想下的监管主要是通过资格准入监管、业务规范监管等方式实现，规定性行为监管和禁止性行为监管也是重要方式，但这种行为了监管的目的是为了满足审慎监管的需要，从根本上理解还是审慎监管的范畴。在各监管部门纷纷成立专门的消费者保护机构后，行为监管被提上日程。

由于审慎监管与行为监管具体的监管目标不同，其分析工具及对监管能力的要求等方面也存在着差异性。对审慎监管与行为监管之间的差异性认识不足，时常会在实践中处理不当，出现监管真空，进而诱发一些系统性风险。不过由于宏观经济风险、金融机构风险与金融消费者利益的根本一致性，审慎监管与行为监管之间并不必然冲突。

一方面，微观审慎监管的有效性有利于行为监管目标的实现，只有金融机构稳健经营，不承担过高的风险，才能维护好资产质量，从而维护金融消费者权益，维持金融消费者对金融市场的信心；另一方面，行为监管的效力最终可以由审慎监管的各项监管指标去检验，只有确保将合适的金融产品卖给合适的金融消费者，降低金融消费者的违约率，才能确保金融机构的资产质量，不良贷款率、资本充足率、流动性资产比率、杠杆率等审慎风险监管指标的健康，只有提高金融消费者的行为理性，纠正其系统性行为偏差，提高其金融素养和风险防范意识及能力，增强其对金融市场的信心，才能真正维护金融市场稳定和金融机构稳健经营。

有学者将我国"一行三会"自 2011 年以来的金融消费者保护工作定义为分业监管下的"内双峰"模式。由于我国利率市场化进程加快、复杂金融产品也逐步趋于丰富、汇率弹性进一步扩大、资本跨境流动的自由度不断提高、参与金融交易的消费者快速增加，行为监管成为金融业稳健发展的必然要求。审慎监管和行为监管的实践对比呈现以下特征：审慎监管与行为监管还没有实现有机平衡，行为监管规则相对滞后且不成体系，在反欺诈误导、保护个人金融信息、充分信息披露、反不正当竞争、弱势群体保护、广告行为、互联网金融、债务催收等专项领域没有相关规范性文件或指引加以规范引导，行为监管与金融消费者保护工作的现场检查和非现场监管体系有待形成。

（三）金融创新与行为监管

我国在金融管制严厉的时期，以资格监管为主要方式，把"准入关"是监管的基础。随着金融市场的不断发展，不仅金融机构主体之间的界限变得越来越模糊，货币资产与金融资产之间、不同金融产品之间的界限也变得越来越模糊。为了维护金融市场的公平秩序，金融监管机构必将调节监管范围、方式和工具，行为监管相对于审慎监管更能与金融创新的发展保持同步。

金融市场日新月异，金融创新对金融监管也产生了深远影响。金融创新使金融体系日益复杂而增加了风险，从而改变了金融监管运作的基础条件，增加了监管的难度，客观上需要金融监管机构作出适当调整。业务审批监管模式无法有效应对不同金融机构的业务交叉，导致金融监管主体的重叠与缺位并存，势必推动金融监管制度的创新，特别是行为监管从审慎监管的手段之一发展成为具有清晰且更加重要监管目标的全新监管制度体系。比如在监管方式上，逐步放宽金融业务的准入，客观上加速了金融普惠的进程，取而代之的是强化了行为监管，强化业务主体自我承担风险的意识，强化金融机构在相关业务中对消费者权益的保护。

从单个或微观金融机构看，金融监管总是通过限制性的方式出现的，对企图规避监管的消极金融创新总会采取积极抑制或规范的对策，这也正是金融监管存在的必要性和理由。行为监管更加关注行为细节的公平性，客观上帮助金融机构减少交易风险，如果没有到位的行为监管制度，金融创新工具的发展就会受到很大阻碍。相反，随着监管能力的提升，监管的主动宽松可以促使创新的产生，比如，我国外汇和资本管制的废除以及利率市场化的改革。

二、我国金融行为监管展望

（一）适应并完善普惠金融市场

中国银监会 2015 年 1 月 20 日宣布启动自 2003 年成立以来首次组织架构重大改革，其中引起广泛关注的举措之一就是普惠金融工作部的设立。新设的普惠金融工作部的工作包括原监管二部的小企业办、合作部的农村金融服务监管处、融资性担保部及新成立的小贷公司协会、网贷监管（P2P）等，其表示将大力发展普惠金融。

根据 2015 年《政府工作报告》缩略词注释，普惠金融是指立足机会平等要求和商业可持续原则，通过加大政策引导扶持、加强金融体系建设、健全金融基础设施，以可负担的成本为有金融服务需求的社会各阶层和群体提供适当的、有效的金融服务，并确定农民、小微企业、城镇低收入人群和残疾人、老年人等其他特殊群体为普惠金融服务对象。这一解释与西方经济学界关于金融民主化的解释相比，更加强调对金融弱势群体的关照。普惠金融概念的提出及相关监管体系的调整，意味着我国金融市场体系必将发生重大变化，将从根本上打破金融市场本身对不同经济主体的差别对待，从而回归金融本质——以风险进行定价。

这势必会影响到金融行为监管的目标、方式和范围。在目标上，更加广泛地定义金融消费者，更加关注金融消费者的利益，从而在源头上防控审慎监管下关注的系统风险；在方式上，行为监管将被更加灵活地运用，行为监管规则越来越体系化、细密化，普遍地运用在金融活动的过程中，同时，与审慎监管更加有机地结合，形成相互印证、相互补充的数据关系和逻辑关系；在范围上，更加广泛地适用于金融经营主体和消费主体，而不是像审慎监管只适用于经营主体，通俗地讲，所有享受金融好处的组织和个人都将受到行为监管。

（二）依托互联网技术的监管手段和方式的创新显得越来越重要

互联网技术的创新和广泛应用为金融行为监管创造了坚实的技术条件。脱离了互联网技术，任何组织和个人的行为跟踪与记录都会困难重重，而今，我们几乎任何经济行为（当然包括金融行为）都要通过互联网来完成，基于互联网的行为过程积累了海量的数据，开创了大数据时代，在这个时代，金融行为监管不仅变得容易实现，而且成本很低。

互联网技术的创新和广泛应用的另一个意义就是对金融创新的推动。由于信息数据整理的技术进步，科技研发的进程和方向以及个人的预期收入和消费都可能被量化计算，并以此为基础创设新的金融产品或金融交易，从而推动量化基金像投资资产支持证券一样批量投资技术研发项目，或者通过对个人预期收入的交易让个体获得更大程度的解放。新的金融产品或金融交易与现在相比较可能会有一个革命性的变化，那就是从以资产为基础到以组织或个体的行为为基础，这将从根本上拓展金融行为监管的定义。如果说当前我们所讨论的行为监管是由消费者保护这个监管目标所决定的，而当有一天金融市场的外延被充分扩展，由于人人都可能是金融产品发行人和投资人，已经不需要定义金融机构，那么行为识别就成为定义金融业务更规范的方式。这一过程与我们所追求的普惠金融是一致的。

（三）违规成本主要向市场支付而不是向监管部门支付

在传统监管体制下，外部约束是主要方式，违规则向监管者支付违规成本，因此，监管与创新的关系更像是猫鼠关系。在行为监管体制下，更加强调对市场力量的尊重与维护，行为监管规则不仅是监管者强加于经营主体的，更是经营主体之间的行为契约，对行为规则的违反或触碰，监管部门需要做的往往只是信息披露，一旦违规或失信信息被披露，市场力量将会自动产生惩罚。因此，行为监管主要作用机制是自律，而不是外部约束，违规者的违规成本也主要是向市场支付而不是向监管部门支付。

当然，行为监管体系的形成与完善是一个持续的过程，在这个过程中，不仅需要维护监管部门的权威性，保留监管惩罚权，而且审慎监管手段也不会轻易退出。审慎监管体系就像一面镜子，虽然比行为监管离市场主体远一些，但却能够对照出行为监管的效率和效果，同时它也是一道防线，防范着系统性风险或个体的重大风险。

第六章 我国实施金融行为 监管的分行业实践

金融行为监管在不同的金融行业有不同的内涵，从而决定了行为监管有着明显的行业特征。本章主要选取银行、保险、信托、互联网金融和证券五个子行业，分析各自业态特征及其与行为监管的契合属性，并给出相应的政策建议。

第一节 商业银行行为监管

商业银行是现代金融业毋庸置疑的核心组成部分，在长期的演进过程中，商业银行的功能得到不断拓展，产品和服务创新层出不穷，与人们日常生活的结合越来越深入和紧密。商业银行与金融消费者之间保持良好的业务往来以及相互信任的关系对于一国经济金融体系的健康发展至关重要。近年来，随着金融产品和金融服务的多元化发展以及网络时代消费者维权意识的觉醒，商业银行与消费者之间的关系较过去更为复杂化，二者之间的争议和纠纷亦呈增长之势。鉴于商业银行在金融体系中的重要地位及其与消费者福利、市场信心的紧密关联，应将其作为金融行为监管的重中之重。

一、商业银行消费者的主要类型与特征

（一）商业银行消费者类型

结合消费者与商业银行基本业务的关联，本书将商业银行消费者细分为以下几种类型。

1. 存取款消费者

存款业务是商业银行最基本的负债类产品，它是商业银行最主要的资金来源，也是商业银行发挥信用中介、支付中介、信用创造与资金转换职能的

基础。同时，存取款也是普通消费者与商业银行最传统、最频繁的业务往来，消费者通过在银行开立存款账户，将富余资金存入银行，根据存款收益与便利性可以选择活期储蓄、定期储蓄或其他结构性存款方式。

2. 理财业务消费者

商业银行个人理财业务是商业银行为个人客户提供的财务分析、财务规划、投资顾问、资产管理等专业化服务活动的总称。近年来，居民财富和可支配收入快速增长，消费者的资产保值、增值需求越来越迫切，传统的存款业务已经不能满足人们多元化的财富管理需要。随着商业银行个人理财市场的不断扩张，消费者可以结合自身的资金状况、风险偏好以及对未来收入的预期等来选择理财服务、购买理财产品。

3. 信贷消费者

当商业银行以商品型货币形式向个人提供信用时，个人即与银行建立了消费信贷关系。从我国来看，住房按揭贷款仍是银行消费信贷市场的主要形式，但随着人们生活水平的提高和消费习惯的改变，消费信贷需求正在日趋多元化。目前，银行消费信贷的主要产品包括个人旅游贷款、个人综合消费贷款、个人短期信用贷款、汽车贷款、助学贷款等。

4. 支付结算消费者

支付结算是商业银行为客户提供的一项传统的中间业务。消费者可以在银行开立个人结算账户，通过汇票、本票、支票、委托汇款等结算方式，办理货币支付、资金清算等业务。按照规定，自然人可根据需要申请开立个人银行结算账户，也可以在已开立的储蓄账户中选择并向开户银行申请确认为个人银行结算账户。

5. 代理交易或平台业务消费者

即商业银行作为买卖平台中介，按照消费者发出的指令购买或出售账户标的的中间业务，消费者获取买卖差价，银行则赚取手续费。

6. 银行卡消费者

严格来说，银行卡是一种非现金支付方式，是消费者办理银行业务时的一种工具载体，而非单独的银行消费形式，但鉴于银行卡的功能集成越来越丰富，其与消费者的关系越来越紧密，有必要对其进行单独分类讨论。按照是否可以透支消费，银行卡可分为借记卡和信用卡两大类。

7. 电子银行消费者

电子银行包括网上银行、电话银行、手机银行、自助银行等离柜银行业务。与银行卡业务类似，电子银行并非独立的银行业务类型，而是随着信息、通讯技术的进步，银行拓展业务、节约成本的方式之一，具有较强的集成性。消费者在与银行签订电子银行协议，并获取必要的安全保护设备之后，即可通过电子银行相对便捷地办理绝大多数传统银行业务。

（二）商业银行消费者的特征

商业银行消费者是广义消费者群体的一个组成部分，同时，也因银行业市场结构以及具体消费业务的特殊性使其具有一些不同于非金融类消费者或者其他金融类消费者的特征。

1. 消费标的无形

在银行消费中，消费者与商业银行之间多体现为账户资金往来或无形的服务关系，不存在可以亲身触摸、可以实际感知的实物标的，与一般的商品消费相比，银行消费者无法凭借直观的方式判断产品的质量和风险。

2. 涉及范围广泛

在现代文明社会中，银行已经渗透到人们工作生活的各个角落，无论处在哪个地区、属于什么阶层、从事何种职业，几乎每天都与商业银行发生着业务往来。以银行卡为例，中国人民银行发布的《2014 年第二季度支付体系运行总体情况》显示，截至 2014 年 6 月末，全国已累计发行银行卡 45.4 亿张，人均持有银行卡 3.35 张，银行卡人均和卡均消费金额分别达 7398.46 元和 2211.47 元。

3. 需求类型多样

与普通消费者出于保障生存或享受生活的需要而购买某种商品或服务的需求动机相比，银行消费者使用银行产品、接受银行服务的目的更加多样化。如办理存取款业务是为了资金安全和获取稳定收益；办理消费贷款是为了解决消费资金缺口；办理银行卡是为了方便快捷地安排和使用资金，享受特约商户优惠等。银行消费者与同一经营者业务关系的多样性是其他行业难以比拟的。

4. 风险偏好较低

虽然当前人们的财富管理需求日益强烈，客户分层趋势更加明显，但银行消费者仍以稳健型客户为主，与其他金融行业的消费者相比，银行消费者对于"安全"、"保本"的追求更为强烈，往往存在对政府隐性担保的依赖。

5. 信息劣势更大

与普通消费相比，银行消费具有较强的专业性、复杂性，消费者难以有效地理解银行产品和服务的真实情况，也难以准确判断银行披露信息的真实内涵，因此，对于银行销售人员的信息解读存在较强的依赖，容易受到不当劝诱。

6. 对抗能力更弱

在现实生活中，消费者往往由于专业知识不足、社会影响力较弱以及难以达成一致行动等原因，使其在与经营者发生矛盾纠纷时难以有效主张自身权利。这种弱势地位在银行消费中表现得更加显著。银行业的投入高、专业性强，对于经济社会的稳定有举足轻重的影响，监管部门往往设置严格的行业准入条件，客观上形成了银行业的自然垄断特征，更加凸显了消费者的弱势地位。

二、商业银行消费者的基本权利

按照《中华人民共和国消费者权益保护法》相关规定，消费者享有安全权、知情权、自主选择权、公平交易权、求偿权、结社权、获知权、人格尊严和民族风俗习惯受尊重权、监督权九项权利。商业银行消费者作为消费者的一个组成部分，自然也拥有上述基本权利。为突出商业银行领域的特殊性，更有针对性地分析商业银行消费者权利，在此不对一般意义上的人身及财产安全、结社、人格尊严和民族风俗习惯等权利进行讨论，而是结合上述基本权利划分与商业银行特征，从以下八个方面对商业银行消费者权利作进一步梳理。

（一）资金安全权

吸收公众存款并按规定付息是商业银行区别于其他金融机构的核心特征，也是消费者与商业银行最基本、最重要的业务往来之一。存放在商业银行的储蓄资金安全是银行消费者的基本利益，关系到消费者对商业银行体系的基本信心。

（二）信息知情权

消费者在购买银行产品或接受银行服务过程中，有权了解产品或服务的真实情况，有权要求信息的来源方即商业银行提供产品或服务的价格、内容、风险等有关方面翔实、客观的演示或说明，以便作出理性的购买决策。商业银行有义务向消费者提供有关产品或服务的全面真实的信息，并对客户的询问作出准确答复，尤其是要完整、清晰地阐述产品和服务的风险以及相关费用。

（三）自主选择权

消费者在消费过程中，有权根据自己的喜好、判断选择银行机构，自主决定是否接受银行提供的某项金融产品或服务，有权对相关产品和服务进行比较和挑选。商业银行不得以捆绑销售等方式迫使消费者接受某种业务或金融产品，或指定消费者到关联机构办理相关业务。

（四）公平交易权

消费者在与商业银行的各类产品和服务交易中有权要求与银行机构进行公平交易，这种公平不应只是表面形式公平，而应是实质公平，如支付的费用与产品、服务的成本保持合理价格空间，签订的格式合同不存在商业银行基于垄断地位或其他优势单方面制定的不平等条款，接受的服务内容及质量应与商业银行的承诺表述及消费者支付的货币相等价，同时，消费者有权拒绝商业银行的强制交易行为。

（五）知识教育权

消费者有权获得有关消费和消费者权益保护方面的知识。银行领域产品和服务本身的专业性、复杂性较强，价值和风险的判断都需要较强的经济金融甚至法律方面的专业素养。此外，由于银行消费权益保护的意识、规则以及实践均处于初级探索阶段，消费者维权难度大，对自身权益保护方面的知识需求也较强。

（六）信息安全权

在现代经济金融体系中，商业银行与消费者业务往来的广度和深度都在不断拓展，也因此掌握着消费者大量的个人信息，包括众多隐私信息。消费者有权要求商业银行妥善保管，不得随意披露甚至恶意买卖。值得注意的是，由于客户往往在向银行申请某项业务之初就需要提供许多个人信息，即便其最终未与银行达成交易，未形成实质上的消费关系，信息也同样存在泄露风险，进而对自身金融安全造成威胁，因此，消息安全权应不仅限于与银行达成实质消费协议的消费者，还应包括其他与银行形成信息往来的潜在或准消费者。

（七）监督与求偿权

消费者有权监督银行提供的产品、服务及其消费者权益保护工作。当发现银行有侵权或者保护不力等情况时，有权向银行或者行政管理部门举报。消费者因购买商业银行提供的服务、产品而使自身人身、财产或个人信息安全受到侵害时，依法享有获得赔偿的权利。

（八）基础服务获取权

消费者有权获得支付结算、存取款等基本的商业银行服务，不应因种种理由而被排斥在银行服务体系之外或支付明显高于市场平均水平的价格。实际上，保护消费者获取基础银行服务的权利也是普惠金融、包容性金融的核心要义。同样，这种权利不应限于实质消费者，更应包括银行领域的潜在消费者以及所有具有银行服务需求的自然人。

三、商业银行消费者面临的侵权风险

在现代金融体系中，商业银行与消费者既相伴相生、互相促进，也具有天然的利益冲突，在二者的博弈过程中，商业银行往往拥有信息、资源等先天优势。由于二者的地位不平等、受到的外部监管不足以及消费者群体的行为偏差被商业银行所利用等原因，商业银行消费者的上述八种基本权利屡屡受到侵犯。原英国金融服务局（FSA）认为金融消费者主要面临四类风险：一是金融机构倒闭的审慎风险；二是金融机构欺诈、误述、故意误售金融产品或未披露有关信息等恶意风险；三是消费者购买不理解或不适宜的金融产品或服务的适宜性风险；四是投资无法产生期望回报的履行风险。具体到商业银行体系，本书认为消费者可能面临以下侵权风险。

（一）资金损失风险

资金损失风险主要是指因银行机构倒闭或其他原因导致消费者无法全额获得存款类固定收益产品的利息，甚至损失本金。在存款保险制度下，消费者存款可以得到较大程度的保全，而在尚未建立存款保险制度的经济体中，消费者将面临更大的资金损失风险。此外，消费者还面临因银行技术防范水平不到位或制度执行不严等原因导致的银行卡被盗刷等风险，造成难以挽回的资金损失。

（二）信息不对称风险

在现实生活中，消费者时常会遇到银行对产品和服务的真实成本、隐含收费项目、预期收益的可得性以及相关产品风险等信息的提示不足，甚至个别机构的故意误导或欺骗。如商业银行宣称信用卡分期"零利率"，但实际上却在收取高额手续费，或者既免息也免手续费，确实不直接向消费者收取任何额外费用，但与商家签订协议，实际上成本依然以其他形式转嫁到消费者身上。《银率网3·15银行服务调查》（2014年）显示，受访者在办理贷款过程中可能会面对13种收费项目，而39.18%的受访者在缴纳费用前没有得到任何相关说明。值得注意的是，除信息告知不足之外，非必要信息的过度披露同样会冲淡消费者对核心信息的关注度，进而影响消费者的理性判断。

（三）强制交易风险

即指商业银行凭借自己的垄断地位，利用客户急需办理某项业务或购买产品的心理，强制搭售、推销其他附加产品或服务。《银率网3·15银行服务调查》（2014年）显示，9.84%的投资者在购买银行理财产品时遭遇捆绑销售现象，如强制开通短信服务等收费功能、捆绑存款、搭售其他产品和强制办理信用卡等。另外，银行以发放贷款或提供优惠利率等为理由，强制消费者存款或签订其他中间业务服务协议等现象也屡见报端。但现实中，关于强制交易的认定却并不容易，不同执法部门在判定上可能存在分歧。如银行发放按揭或消费贷款时要求消费者购买指定保险或者担保，消费者认为自主选择权、公平交易权受到侵害，但由于商业银行有权对贷款人的还款能力等资质进行审查，有权拒绝不合格消费者的贷款申请，上述行为也可以视作是一种信贷风险控制手段。

（四）合同偏向风险

商业银行是产品和服务格式化协议文本的设计方，可能出于获利、免责等原因，在格式条款中设置排除或限制消费者权利、减轻或者免除银行责任、加重消费者责任等对消费者不公平、不合理的"霸王条款"，且这类条款一旦成为行内普遍规则，消费者往往无力抵制，无法"用脚投票"。

（五）隐私泄露风险

随着消费者对商业银行金融服务需求的不断深化，消费者的个人信息几乎在银行面前"一览无余"。基于显示性偏好理论，人们往往可以通过消费者的银行业务信息分析其财务状况、消费倾向、信用状况等，使得商业银行消费者的信息具有一定财产属性，具有巨大的商业价值。银行从自利的角度出发，存在向小贷公司、房产中介等机构泄露客户资料牟利的冲动和可能。

（六）歧视服务风险

商业银行作为理性的以利润最大化为经营目的的信用中介机构，必然追求以最小的成本获取最大的收益，歧视性的经营策略应运而生。理论上，商业银行向高端客户提供更加优质的服务以提高客户忠诚度本无可厚非，但现实中，一些银行向高端客户提供的优质服务是以牺牲普通消费者的基本利益来实现的。如部分银行柜台拒办小额存取款业务，为消费者尤其是老年人、低文化程度者等特殊群体带来了很大不便。一些银行在贵宾窗口无人办理业务时仍以存款金额不足为由拒绝为普通客户办理业务。

（七）救济不力风险

一方面，在面对消费者投诉时，商业银行可能消极应对，采取"拖延战术"，消磨消费者耐心使消费者主动放弃投诉；另一方面，商业银行凭借强大的政治、经济资源优势，可能对监管当局形成监管俘获，影响监管当局对金融纠纷的公平处理。

（八）教育不足风险

加强消费者教育可以提高消费者对银行产品、服务的认知能力，有助于消费者作出理性决策，也有利于维护市场秩序，因此，无论是监管当局还是商业银行都将消费者教育作为工作内容之一。但在实践过程中，监管当局主导的消费者教育活动可能成为"政治秀"，形式大于内容，实效性不强，也没有形成长效机制，而部分商业银行自发开展的消费者教育活动更成为一种变相的自我宣传手段，结果使得消费者得不到充分、有效的知识教育。

（九）宏观系统风险

除受到上述直接的权利侵害之外，消费者还可能在系统性风险中受到波及和牵连，使自身利益受损。如金融危机爆发后，不仅高风险金融衍生品的投资者遭受损失，普通的银行消费者也因整体经济形势的急剧下滑、银行倒闭、资产贬值等受到极大的负面冲击。

四、商业银行领域的行为监管重心分析

(一) 规则设计监管

金融危机爆发后，业界和学术界逐渐意识到通过常规的审慎监管手段获取的信息较为滞后，在实施过程中可能陷入被动，无法有效预防系统性风险的发生，需要对金融运行实施有效的早期干预，而主动介入式的行为监管手段越来越受到认可。通过对商业银行产品、服务以及商业模式在规则设计环节进行早期分析，可以提前识别其对于消费者乃至整个市场稳定性的潜在影响，进而在产品和服务正式投入市场前尽量消除其潜在威胁。在不能完全确定商业银行产品和行为的风险特征时，虽然不宜进行强势干预，至少可以根据前期分析提前做好相关的应急预案，以免风险突然爆发而措手不及，也有助于增强市场信心。当然，这种通过主动介入早发现、早化解问题是一种比较理想化的状态，实施过程中需要监管者具备超强的专业素养，也要防止过度监管阻碍金融创新，影响银行的正常运营，同时要避免监管本身成为一种寻租手段。

(二) 适宜展业监管

随着商业银行竞争的日益加剧以及金融创新业务的拓展，银行的金融产品类型越来越多元化，产品的结构设计和风险特性的差别越来越大，对于消费者的识别能力提出了更高的要求。在负债方面，非存款类负债占据越来越重要的地位，而越来越多的消费者愿意承担一定风险来换取比存款更高的浮动资金收益。在资产方面，贷款的期限、利率、手续费等越来越灵活多样，消费者往往难以判断融资的真实成本。因此，行为监管当局有责任监督商业银行将合适的产品出售给合适的消费者，不向消费者推销与其风险偏好、理解能力、承受能力不相符的产品和服务。

具体地，一是执行消费者分级制度，认真开展消费者风险承受能力、信用状况、专业知识水平等方面的评估；二是针对消费者特征推荐适合的产品，防止利用消费者的信息劣势以及过度自信等非理性心理对消费者进行不当诱导和过度营销；三是推动实施适合商业银行业务特性的冷却期制度，实现支

持银行业务创新与保护消费者权益之间的平衡。

（三）资金安全监管

一般认为，存款保险制度是对商业银行消费者资金安全的最基本保障，它一方面保护了存款人的利益，另一方面也降低了银行面临的挤兑风险，既符合行为监管当局保护金融消费者的目标，也符合审慎监管当局对于维护金融稳定的追求，但存款保险制度可能引发道德风险，且其对消费者存款资金安全的保护是一种事后保护，较为被动。而行为监管更需要从事前存款类产品设计以及事中的流动性管理等方面入手，对消费者的资金安全进行预防性保护。同时，商业银行先进的系统技术手段和严格的内控制度执行力，对于防止消费者账户资金遭受损失同样具有重要意义。监管当局应要求商业银行加入存款保险体系，安装必要的安保监控设施，在产品的开发设计、后续运维等各个环节切实堵住风险漏洞，督促商业银行加强制度建设和内控管理，严格履行客户身份识别义务，把好资金进出关口。

（四）实质合规监管

作为市场经济主体，商业银行需要严格遵守国家有关法律以及监管部门制定的各项规章制度，一般而言，商业银行很少直接对抗监管规则，依法合规经营是一项基本原则。但事实上，在竞争压力和逐利动机下，商业银行可能为了攫取利润而利用规则的漏洞或者灰色地带，使其只具备形式上的合规性，而实质上却违背规则设定的初衷。在金融消费领域，由于普通消费者与银行的力量对比悬殊，形式上的合规对于消费者而言可能并不公平，需要行为监管当局进行适当倾斜性的纠偏，以从实质上保护消费者利益。

（五）信息披露监管

按照商业银行信息披露现行规定，商业银行应遵循真实性、准确性、完整性和可比性的原则，规范地披露信息。行为监管部门有责任确保上述原则执行到位。然而在当前的监管格局中，商业银行所披露的信息更多地适用于审慎监管当局、机构投资者以及其他较专业人士。对于广大消费者而言，这些信息大多庞杂纷乱、晦涩难懂，因此，在强调上述原则的基础上，行为监管还应在信息披露的可读性、有效性上下功夫，应建立专门的信息披露评价标准，并对产品、服务对消费者可能产生的影响作解读式分析，以便于消费者作出正确决策。此外，即便某类特定属性的银行或银行的某种特定经营行为对银行自身以及银行体系的稳健性没有大的影响，也并不意味着对消费者的侵害程度更低，因此，有必要将审慎监管框架下的信息披露免责对象放在行为监管的视角下进行重新审视。

（六）责任履行监管

核心是"尽职免责"，即从保护消费者权益的角度审查商业银行在与消费者的业务往来过程中，是否尽到了应尽的义务，如银行在理财产品销售中是否对风险进行了明示，在消费信贷业务中是否指出了需消费者承担及可能承担的各类费用等，并对商业银行在何种情况下可以免除自身责任作出明确规定，可以相对公平地保护银行工作人员的积极性，实际上也间接地保护了消费者的权益。此外，在金融混业经营趋势下，产品的跨市场、跨行业特征越来越显著，应合理厘清商业银行与产品链上其他类型机构，以及与消费者之间的权责，防止机构间的相互推诿，最终伤害消费者权益。

（七）竞争秩序监管

一是打击银行追求短期效益的恶性竞争、过度竞争行为，如不顾成本地高息揽存或低价贷款营销策略，盲目降低业务准入门槛"拉客户"，等等，虽然这类行为表面上对消费者有利无害，但长期则损伤了银行的稳健性，最终还是要消费者来买单。二是防止大型银行机构进行市场垄断与操纵。具有垄断地位的商业银行容易"店大欺客"，使得消费者的自主选择权无法实施，也加大了消费者的维权难度。因此，行为监管部门有必要会同审慎监管部门一道，共同消除商业银行业的歧视性准入条件，并加强对商业银行经营行为的反垄断调查。此外，一些国家还将银行的市场操纵行为视作对消费者的欺诈来进行严格监管。三是通过建立多层次的商业银行体系，深化市场细分，增强银行的差异化竞争力，推动普惠金融的实践，尽可能地满足广大公众的基本金融消费需求。

（八）争端处理监管

一是明确商业银行内部投诉处理的基本原则和必要流程，并将商业银行是否具有妥善处理争议的能力纳入监管评价指标体系，引导商业银行结合自身经营实际，不断改进投诉处理制度机制，尽可能地将纠纷解决在这一环节，避免消费者利益受损，同时，维护银行声誉；二是基于消费者权利救助，建立便捷、公正的纠纷处理制度，依法处理商业银行与消费者之间调节失败的金融纠纷，并针对投诉反映较为集中的问题开展专项检查或调研，及时出台或修正相关监管规定；三是建立商业银行投诉信息数据库，并实时向消费者和商业银行披露典型案例，引导双方理性解决纠纷。

（九）金融知识教育

除上述相对强势、硬性的监管之外，为增强消费者自主决策的科学性，帮助消费者更好地纠正其行为偏差，进而提升消费者的自我保护能力，行为监管当局还有责任、有义务，也有必要通过非行政手段，引导商业银行对消费者进行量身定做的金融知识教育，并组织开展对金融教育的有效性评估，系统考察消费者对金融知识的掌握程度及相应的消费行为变化，防止金融教育领域的公共资源浪费。同时，还可利用其监管地位和政治影响力，会同教育主管部门提升金融知识教育在总体国民教育体系中的战略地位，扩大金融知识的普及范围。

五、我国商业银行行为监管实践历程及现状

（一）商业银行行为监管历史沿革与制度变迁

1. 理念萌芽阶段（20 世纪 90 年代至 21 世纪初）

从消费者权益保护的角度来看，我国对商业银行的行为监管可以追溯到20 世纪 90 年代。1994 年颁布的《金融机构管理规定》明确将"保障社会公众的合法权益"写入金融监管目标之中。1995 年，《中华人民共和国商业银行法》对立法目的的表述为"保护商业银行、存款人和其他客户的合法权益，规范商业银行的行为，提高信贷资产质量，加强监督管理，保障商业银行的稳健运行，维护金融秩序，促进社会主义市场经济的发展"，即将"保护存款人和其他客户的合法权益，规范商业银行的行为"作为商业银行的监管目标之一。虽然消费者权益保护的理念在这一时期有所体现，但由于此间中央银行同时履行制定执行货币政策、维护金融稳定以及金融监管等多重职责，其从宏观视角出发，对商业银行监管的重心不可避免地侧重于维护金融体系的稳健性，对于消费者权益关注不多。

2. 事件驱动治理阶段（2003 年银监会分设至国际金融危机爆发）

2003 年，中国银监会分设，承接了之前中央银行对于银行业的绝大部分监管职能，独立监管机构的设立是我国金融监管制度的一次重大变革，使得

商业银行监管更加专业、系统。虽然银监会仍然主要着眼于微观审慎监管，但从其监管工作目的"通过审慎有效的监管，保护广大存款人和消费者的利益；通过审慎有效的监管，增进市场信心；通过宣传教育工作和相关信息披露，增进公众对现代金融的了解；努力减少金融犯罪"可以看出，维护商业银行消费者权益已经成为银监会的工作着眼点之一。在实践中，银监会采取的一些监管措施也表现出一定程度的基于消费者权益保护的行为监管特征。如针对商业银行的服务收费和信息披露问题，颁布了《商业银行服务价格管理暂行办法》、《商业银行信息披露办法》，针对消费信贷颁布了《汽车贷款管理办法》、《房地产贷款风险管理指引》，对商业银行代理保险业务进行了规范，先后数次就商业银行个人理财业务中存在的问题进行规制。总体而言，这一阶段对于商业银行的行为监管有了一些实质探索，但系统性、主动性仍然不强，基本属于在部分领域"发现问题—解决问题"的被动应对。

3. 系统探索阶段（后金融危机时代）

2008 年国际金融危机暴露出各国在金融消费者权益保护监管方面存在的漏洞以及由此而生的巨大危害，以美国、英国、欧盟等为代表的发达经济体纷纷将加强金融消费权益保护纳入金融监管改革的重点之一，行为监管得到了前所未有的重视，"双峰模式"在理论和实践层面均得到了强化。顺应新一轮的金融监管改革浪潮，我国也在加强商业银行行为监管、保护金融消费者权益方面取得了突破性进展。与前两个阶段不同的是，金融危机至今的商业银行行为监管具有更强的系统性、深入性和主动性，表现为专门行为监管部门的设立，以及学术界、监管当局对于行为监管理论和实践在更高视角、更深层次、更大范围上的积极探索。

（二）我国商业银行行为监管现状

1. 监管机构设置

按照行为监管机构与审慎监管机构的关系界定，我国对商业银行领域的行为监管属于合署监管，换言之，属于分领域多个合署监管主体。一是银监会内部设立的银行业消费者权益保护局，二是人民银行内部设立的金融消费权益保护局，两者都是 2012 年中编办批准设立的厅局级单位，前者的职责主要为研究制定银行业消费者权益保护工作总体规划，拟定银行业消费者保护的规章制度和具体政策；调查处理银行业消费者投诉以及开展银行业消费者公众教育。后者职责在于综合研究我国金融消费者保护工作的重大问题，会同有关方面拟定金融消费者保护政策法规草案；会同有关方面研究拟定交叉性金融业务的标准规范；对交叉性金融工具风险进行监测，协调促进消费者保护相关工作；依法开展人民银行职责范围内的消费者保护具体工作。除上述监管主体外，中国银行业协会于2011年成立的消费者保护委员会也在一定程度上体现了行为监管部门的意志，国家工商行政管理总局以及中国消费者协会也从一般性、普适性的消费者权益保护的角度对商业银行进行一些行为监管。

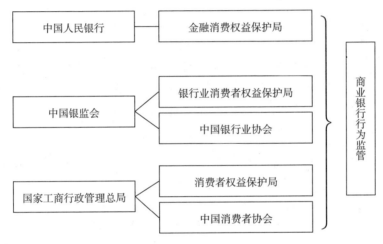

图 6 - 1　我国商业银行行为监管基本架构

2. 立法与规章制度

截至目前，我国尚未针对行为监管或金融消费者权益保护进行专门立法，对商业银行的行为监管的法律法规依据可以分为三个层次。

一是《消费者权益保护法》等基础性法律规定。《消费者权益保护法》第二条规定："消费者为生活消费需要购买、使用商品或者接受服务，其权益受本法保护；本法未作规定的，受其他有关法律、法规保护。"虽然《消费者权益保护法》为商业银行消费者权益保护提供了一般性的法律依据，但一直以来，消费者从商业银行购买和使用的商品、服务是否属于"生活消费"仍然存在界定上的分歧。2014年3月15日新《消费者权益保护法》的实施则正式将商业银行等金融消费纳入监管范畴。虽然新《消费者权益保护法》第二条中关于"生活消费"的表述并未调整，但新增的第二十八条规定"提供证券、保险、银行等金融服务的经营者，应当向消费者提供经营地址、联系方式、商品或者服务的数量和质量、价款或者费用、履行期限和方式、安全注意事项和风险"，实际上认可了将银行等金融消费纳入消费者权益保护体系。因此，《消费者权益保护法》是我国商业银行消费者保护的法律基础，《消费者权益保护法》规定的消费者享有的九大权利以及经营者的相关义务同样适用于商业银行消费者。此外，《合同法》《民法通则》《反垄断法》《侵权责任法》中的部分原则或条款也被援引为保护商业银行消费者权益的法律依据。

二是部分金融法律的原则性规定。《商业银行法》第一章第一条将"保护存款人和其他客户的合法权益，规范商业银行的行为……"作为立法目的之一；第六条规定"商业银行应当保障存款人的合法权益不受任何单位和个人的侵犯"；第三章"对存款人的保护"中基于储户利益对个人储蓄存款办理、存款利率确定及公告、存款准备金和备付金、存款本金和利息的支付等方面作出了明确规定。此外，《银行业监督管理法》第一章第一条对于银行业监管目的的表述中同样将"保护存款人和其他客户的合法权益"纳入其中，并在第四章监督管理措施中针对一些损害存款人和其他客户合法权益的行为提出了具体监管措施。2013 年 3 月 15 日，我国首部征信业法规——《征信业管理条例》正式实施，确保了信息主体的知情权和异议更正权，对我国加强个人信用信息保护具有十分重要的意义。此外，《反洗钱法》、《支付结算法》、《票据法》等金融监管法律也从不同程度、不同侧面零星涉及了一些体现行为监管思路的规定。

三是相关监管部门规章和规范性文件的具体性规定。2013 年，中国人民银行和中国银监会先后印发了《中国人民银行金融消费权益保护工作管理办法（试行）》《中国人民银行金融消费权益保护工作考核办法》以及《银行业消费者权益保护工作指引》，以部门规章、规范性文件的形式对商业银行消费权益保护作出了专项规定。其中，《中国人民银行金融消费权益保护工作管理办法（试行）》对中国人民银行金融消费权益保护的组织机构与职责分工、金融消费者投诉的受理与处理、监督管理措施、金融消费者教育等进行了明确，其出发点在于内部工作机制建立和组织管理，而非对金融机构的监管要求。

《银行业消费者权益保护工作指引》则从监管角度出发，明确了银行业消费者权益保护的适用范围、基本原则、银行业金融机构在维护消费者权益方面的行为准则、银行业金融机构消费者权益保护的体制机制建设以及银监会对于银行业消费者权益保护的监管原则和监管措施。虽然该指引这种规章形式没有罚则，但可以引用上位法进行处罚。因此，该指引实质上已经成为我国目前对商业银行采取行为监管的重要依据。在上述相关办法、指引的基础上，人民银行、银监会部分分支机构也结合所在地实际情况出台了相应的实施办法、暂行办法等，进行了一些具体实践上的探索。2014年，中国银监会颁布了《关于印发银行业金融机构消费者权益保护工作考核评价办法（试行）的通知》（银监发〔2014〕37号），从制度体系是否完备、制度执行是否有可靠保障等五大方面评估银行业金融机构消费者权益保护工作开展情况和实际效果，督促银行业金融机构坚持依法合规经营。

此外，近年来监管部门针对个人金融信息、银行服务收费、理财产品销售、银行卡等重点业务领域出台的一系列专项规定中也不乏对于消费者的保护条款。如《中国人民银行关于银行业金融机构做好个人金融信息保护工作的通知》（银发〔2011〕17号）对银行业金融机构个人金融信息的收集、保存、使用、对外提供、储存、处理和分析，以及与此相关的内控管理、信息安全技术等提出了系统性要求。《中国人民银行关于银行业金融机构进一步做好客户个人金融信息保护工作的通知》（银发〔2012〕80号）则对上述文件的重要规定进行了重申，并要求银行业金融机构对个人金融信息保护工作进行认真自查。《银行卡业务管理办法》规定了持卡人的五项权利和发卡行的七项义务，对持卡人的知情权、隐私权等消费者权益作出了规定。《商业银行服务价格管理办法》对政府指导价和政府定价的制定和调整、市场调节价的制定和调整、服务价格信息披露、商业银行内部管理、服务价格监督管理等方面作出规定，规范银行服务"乱收费"行为。

3. 主要行为监管行动及成效

一是商业银行消费者投诉处理机制不断完善。2012年3月，中国银监会发布了《中国银监会关于完善银行业金融机构客户投诉处理机制切实做好金融消费者保护工作的通知》（银监发〔2012〕13号），要求商业银行及其他银行业金融机构建立健全客户投诉处理的部门、机制、流程，加强投诉处理能力建设，并规定了投诉处理的最长时限，要求银行业金融机构实行客户投诉源头治理，及时查找薄弱环节和风险隐患，从运营机制、操作流程、管理制度等体制机制方面予以重点改进。

为确保上述监管要求得到有效落实，该通知规定，银监会及其派出机构将加强对银行业金融机构客户投诉处理工作的监督检查，对于涉及金融消费者权益保护的热点、难点问题，向有关金融机构发出监管建议，并要求其在一定期限内采取预防或纠正措施；发现违法违规行为的，依法予以查处。对于一定时期内，信访投诉数量较高、处理不当或拖延问题较突出的银行业金融机构，将在全辖予以通报，并可作为准入和监管评级的参考依据。在人民银行方面，则致力于构建以金融消费权益保护信息管理系统为主干、12363 金融消费权益保护咨询投诉电话和 12363 网络平台为两翼的咨询投诉受理、处理体系。2013 年，人民银行选择上海、湖北、广东、江苏和陕西五省市以不同模式试点开通 12363 金融消费权益保护咨询投诉电话，并在总结试点经验的基础上，逐步将 12363 电话向全国推开，配合 12363 金融消费权益保护咨询投诉电话，人民银行还开发了全国统一的金融消费权益保护信息管理系统。

二是重点领域监督检查、专项治理力度加强。近年来，银监会、人民银行等金融监管部门围绕银行卡、个人理财、个人贷款、代理保险、服务收费等商业银行消费者投诉纠纷较为集中、舆论意见较大的业务领域颁布了多项具有针对性的文件规定，使商业银行的经营行为在很大程度上得到了规范。同时，针对银行卡、理财产品、征信等突出问题，监管部门组织开展了多次专项监督检查，对商业银行侵犯消费者权益行为产生了极大震慑，有效净化了市场环境。如针对理财产品频繁曝出的不当劝诱、风险提示不足等问题，银监会多次发布文件指引，规范商业银行理财产品的销售行为，并组织建立了理财信息登记和披露平台，强化"卖者有责、买者自负"的监管理念。针对个人信息屡屡遭到泄露的情况，人民银行于 2013 年组织开展了个人金融信息保护专项检查，揭示了被查机构在个人金融信息保护方面存在的主要问题，并督促相关金融机构整改，取得了良好成效。

三是金融消费者教育取得一定成效。一般认为，受到良好金融知识教育的消费者可以更客观地了解金融产品的特性和潜在风险，更容易作出理性的消费决策，降低系统性行为偏差，对于维护金融市场的稳定性也将发挥作用。有鉴于此，国内外商业银行监管部门均将金融消费者教育作为行为监管的重要手段之一。近年来，人民银行、银监会等监管部门积极开展消费者金融素养的摸底调查与行为分析，共同研究制定了《中国金融教育国家战略》，从"国家战略"的高度对金融消费者教育进行了探讨和规划。

从 2013 年开始，中国人民银行选择每年 9 月统一开展全国性的"金融知识普及月"活动，致力于提高消费者的金融意识、金融素养和风险防范能力，每年"3·15"期间，开展"金融消费者权益日"活动，告知金融消费者依法享有的各项权利和维权的渠道和方式等。在银监会方面，组织全国银行业金融机构开展一年一度的公益性金融知识宣传活动。2013 年，银监会及其派出机构组织开展送金融知识进工厂、进社区、进校园等主题活动近 3 万次，受众超过 4000 万人次。此外，作为监管部门意志的某种程度的映射，中国银行业协会等行业自律组织也高度重视金融教育培训，每年开展形式多样面向公众的金融知识普及活动，对于提高商业银行消费者的金融知识水平也发挥了积极作用。

四是银行消费的普惠性不断提升。近年来，人人都有权享受基本金融服务的普惠金融理念已经越来越深入人心，商业银行作为金融体系最为基础、最为核心的组成部分，在改善对偏远地区、弱势群体、低收入人群的金融服务方面发挥着重要作用。因此，一般而言均将发展普惠金融作为行为监管的内容之一，对于发展中国家尤为如此。在打造普惠金融这一系统性工程的过程中，我国将提高商业银行网点覆盖面和渗透率，改善银行基础设施，将加强对弱势消费群体的基础金融服务作为重要举措。

（三）存在的问题与不足

1. 立法滞后，缺乏具有针对性的基础立法

一是《消费者权益保护法》对于"生活消费"的范围限定是否适用于消费者和商业银行之间的业务关系仍然存在争议，且其对于消费者权利和经营者义务的部分规定与商业银行消费的适用性不强。虽然该法的修订在一定程度上对日益增长的商业银行消费权益保护诉求作出了回应，但该法的基础性、原则性和广泛适用性与商业银行消费的专业性、特殊性仍然存在难以弥合的矛盾。

二是《合同法》、《民法通则》及相关的司法解释主要是基于平等民事关系对于关系双方的权责限定，以及关于诚实信用、公平交易等的原则性要求，即强调对双方的平等性保护，而未体现对于处在实际劣势的商业银行消费者的倾斜性保护，消费者在主张自身权利时存在很大困难。消费者如依据《侵权责任法》、《反垄断法》等进行维权，同样存在举证困难、成本过高等问题，可操作性不强。

三是目前金融监管部门赖以开展行为监管方面的具体规定多来自部门规章或规范性文件，法律层级较低，且政出多门，相互协调存在困难，缺乏高效力的基础立法依据。

2. 监管理念仍待矫正，对于消费者主权的关注不够

相对于发达经济体，我国的现代商业银行起步较晚，产品和服务的绝对竞争力较弱，或许正基于此，一直以来，我国的商业银行监管更多地关注如何在相对稳健的前提下提高银行的经营绩效。早在 2003 年，银监会即明确提出"管法人、管风险、管内控、提高透明度"四个监管理念，而商业银行则一直遵循"安全性、流动性、盈利性"的经营"三原则"。在这种以银行经营者为主要考量的监管和经营理念指导下，消费者权益没有得到足够重视，在消费者与经营者的利益取舍中，消费者往往是妥协和被牺牲的一方。加强对商业银行的行为监管，保护消费者权益，其实质是基于金融稳定视角的监管目标延伸，监管理念层面未得到根本矫正。尤其在我国，行为监管部门独立性较差，事实上从属于审慎监管当局。

3. 监管真空与重复监管并存

一是金融监管体系内部的权责划分存在模糊地带。从我国目前的金融监管体系来看，无论是银监会还是人民银行均未被明确赋予行为监管职责，二者分别从微观和宏观视角基于审慎的监管原则行事，即存在行为监管方面的缺失。考虑 2003 年银监分设的初衷，以及二者新设消费者权益保护部门的职责表述，银监会实际上已经成为商业银行行为监管的主体，人民银行则承担对商业银行交叉性金融业务以及其他职责范围内的消费者保护具体工作。在实际工作中，由于商业银行业务创新的不断深入以及监管竞争的存在，二者不可避免地在一些复杂、新型业务的认定上可能存在短暂分歧，商业银行一些同时具有微观审慎影响和宏观审慎影响的业务可能面临双重监管，但总体

而言，在金融体系内部对于商业银行行为监管职责的划分上存在较为清晰的边界，不影响总体的监管效力发挥。

二是金融监管与基于消费者保护的一般性行政监管存在职能交叉。《消费者权益保护法》第三十一条规定"各级人民政府应当加强领导，组织、协调、督促有关行政部门做好保护消费者合法权益的工作，落实保护消费者合法权益的职责"。第三十二条规定"各级人民政府工商行政管理部门和其他有关行政部门应当依照法律、法规的规定，在各自的职责范围内，采取措施，保护消费者的合法权益"。因此，如果认可《消费者权益保护法》对于商业银行消费领域的规制作用，则各级人民政府以及国家工商行政管理部门同样可以基于消费者保护的出发点，对商业银行提供的产品和服务进行监督管理，从而对商业银行构成重复监管。由于缺少明确的授权和规定，各地在实际操作中基本处于自行掌握的局面，如一些地方建立了银监、人民银行、工商的消费者权益保护合作机制，一些地方的金融监管部门、工商部门则自行对商业银行利用格式条款侵害消费者合法权益以及收费行为开展了专项检查和整治，使商业银行面临较高的监管成本，也使消费者在一定程度上感到无所适从。

4. 监管措施较为单一，监管链条不够完整

近年来我国金融监管部门出于保护商业银行消费者目的采取的行为监管行动，基本上是事件驱动型的专项治理以及在建立健全纠纷调处机制方面的努力。对比发达经济体的行为监管经验，我国的商业银行行为监管尚存在较大差距。

一是前瞻式介入监管不足，在前期市场准入和业务许可环节缺乏对相关机构、产品、服务进入市场后可能对消费者权益构成损害的深入评估，对商业银行业务规则、模式的分析不够充分，缺乏有效的早期干预。

二是日常监管环节的系统性有待加强。仅针对消费者意见较为集中的服务收费、个人信息泄露、不当推销等方面进行了规制，尚未建立覆盖商业银行消费者所有权利的系统性的保护网络。

三是纠纷调处机制仍待完善。监管部门仅原则性规定商业银行应建立消费者投诉受理流程及处理程序，至于流程、程序的操作细节则没有规定；由于缺乏强有力的外部监管约束以及商业银行追求自身短期利益的考虑，银行内部的消费者争议处理制度机制普遍不够健全，服务意识较差，不能很好地发挥消费者纠纷调处"头道关"的作用。

专题1：银行存款业务的行为监管

长期以来，由于我国金融体系不完善，居民拥有金融资产的主要形式只能是银行存款，再加上我国存款利率一直没有完全市场化，从根本上讲，居民选择存款还不能被认为是居民的自主消费，也正因此，银行存款业务基本上不存在兑付风险。虽然《商业银行法》在第三章专门规定了对存款人的保护，但存款业务除了安全性以外，其他方面的监管规定基本是空白。仅仅依靠某一两部法律法规去保护存款人的利益是难以奏效的，不仅不全面、不具体，而且缺乏操作性。因此，必须以存款人的利益为出发点，建立一套完善的全面保护存款人利益的法律制度和规则体系。这个规则体系至少应当包括存款息率的市场定价机制、存款保险制度、银行破产退出和危机救助的法律制度、对商业银行存款业务行为规范和监管的法律制度以及非法吸收公众存款的法律制度，以切实有效地保护存款人的利益。

一、利率市场化改革与存款人利益保护

长期以来，我国存贷款利率由人民银行规定，存贷利差较大被视为侵犯存款人利益的重要表现。中央银行调整存贷款利率往往并非出于对存款人利益的考量，而是将其作为宏观经济调控的手段之一。存款利率的决定方式从根本上反映了存款人的收益权状况，如果存款人不能根据市场选择存款收益，则意味着基本权利没有得到保障。因此，近年来随着居民储蓄的不断攀高，增加居民财产性收入作为重要诉求被反复提出。财产性收入的来源就是投资性财产，主要是金融资产的收入。随着各种面向公众的金融产品的推出，越来越多的居民投资拥有各类金融资产，市场根据风险定价形成不同层次收益水平的产品体系，利率市场化的条件日益成熟。2013年7月20日起全面放开金融机构贷款利率管制。2014年11月30日，《存款保险条例（征求意见稿）》正式向社会进行为期30天的征求意见，2015年5月1日起正式实施。存款保险实行限额偿付，最高偿付限额为人民币50万元。这是存款利率市场化的重要制度保障。只有在利率市场化的机制下，利率的决策权才能真正交给金融机构，由金融机构根据自身资金状况和对金融市场动向的判断自主调节利率水平，最终形成以中央银行基准利率为基础，以货币市场利率为中介，由市场供求决定金融机构存贷款利率的市场利率体系和利率形成机制。这是制度基础，也是对存款人权益保护的根本机制，在此基础上探讨存款业务行为监管才有意义。

二、对非法吸收公众存款的规定

这一问题本已在规定上阐述得非常清楚了，但是由于不同资金市场的利率差距以及近年内民间借贷的爆炸式发展，从事资金吸收和融通的机构层出不穷，此外，互联网金融的快速发展也为进一步清晰界定非法吸收公众存款的界线提出了要求。1998 年 6 月 30 日国务院发布施行的《非法金融机构和非法金融业务活动取缔办法》对非法金融机构和非法吸收公众存款或者变相吸收公众存款作出了明确的规定。非法金融机构是指未经中国人民银行批准，擅自设立从事或者主要从事吸收存款、发放贷款、办理结算、票据贴现、资金拆借、信托投资、金融租赁、融资担保、外汇买卖等金融业务活动的机构。非法吸收公众存款是指未经中国人民银行批准，向社会不特定对象吸收资金，出具凭证，承诺在一定期限内还本付息的活动；所称变相吸收公众存款是指未经中国人民银行批准，不以吸收公众存款的名义，向社会不特定对象吸收资金，但承诺履行的义务与吸收公众存款性质相同的活动。

《商业银行法》第七十九条第一款明确，未经中国人民银行批准，擅自设立商业银行，或者非法吸收公众存款、变相吸收公众存款的，依法追究刑事责任；并由中国人民银行予以取缔。后来的司法解释主要对非法吸收公众存款的数额、范围以及对存款人造成的损失等方面的标准进行了规定，其中《最高人民法院关于审理非法集资刑事案件具体应用法律若干问题的解释》（法释〔2010〕18 号）规定了 11 种认定为非法吸收公众存款的行为，这些行为主要是针对当时非法吸收公众存款的案例提出的，其中一些行为，如以投资入股的方式非法吸收资金、以委托理财的方式非法吸收资金的行为目前在私募股权基金快速发展，在民间理财已成普遍状况，因而可能需要更为具体的解释。

有些行为可能需要重新认识，一般意义上的非法吸收存款业务不一定就是非法集资业务，也可以是其他方式的投融资行为，只不过需要更加完善的市场体系来控制风险，需要更加完善的行为监管规则体系来监管行为。相反，一些未列入的行为虽然是经中国人民银行批准的机构所为，仍然可以研究其是否可被认定为非法吸收公众存款，比如储蓄柜台在推销代销的保险产品、理财产品时，故意或无意混淆为存款业务的行为。清晰准确界定存款业务的边界也是对存款人权益保护的基本制度保障。

存款业务虽然是最广泛最普通的金融业务，但其金融行为监管的规则体系却最不完善。只有在上述两个基本制度保障建设完成后，才能逐步完善业务操作层面的行为监管，特别是柜台销售误导和网络银行安全操作的行为风险界定以及目前常见的存取款收费规范、业务简化和窗口服务等存款人服务问题。

第二节　信托业行为监管

一、信托产品特点

（一）门槛较高

基本上信托产品的投资起点为 100 万元，分 100 万元/300 万元两个档次。根据《信托公司集合资金信托计划管理办法》规定，单个信托计划的自然人人数不得超过 50 人，但单笔委托金额在 300 万元以上的自然人投资者和合格的机构投资者数量不受限制。设置高门槛的原因就是信托的投资者需要具备一定的风险识别能力和风险承受能力。

（二）期限较长

根据《信托公司集合资金信托计划管理办法》，信托期限不少于一年。如果提前退出或转让，需要满足《信托公司集合资金信托计划管理办法》第二十九条规定：信托计划存续期间，受益人可以向合格投资者转让其持有的信托单位。信托公司应为受益人办理受益权转让的有关手续。信托受益权进行拆分转让的，受让人不得为自然人。机构所持有的信托受益权，不得向自然人转让或拆分转让。所以，相对于其他金融产品，信托产品对期限性要求比较严格。

（三）收益较高

2009—2012 年，信托的投资者基本能够收获 11% 以上的年化收益，即使在近几年经济状况较为低迷的情况下，集合信托收益率也都普遍在 8.5%—11.5%。Wind 数据显示，2015 年第一季度信托业年化综合实际收益率为 8.11%，远高于银行、保险发行的金融产品。但与风险较高的股票、基金相比，其安全性更有保障，因而收益率处于中间偏高区间，毕竟很多实体经济的年化收益率还不到 9%。

（四）财产独立

根据《中华人民共和国信托法》规定，信托财产与委托人的自有财产和受托人的固有财产相区别，独立运作。信托财产不受委托人或者受托人财务状况的恶化，甚至破产的影响，委托人、受托人或者受益人的债权人一般无权对信托财产主张权利。除法律规定的情形外，对信托财产不得强制执行。

二、我国信托业监管的演进

（一）初步规范阶段（2001—2007 年）

2001 年 10 月 1 日中国第一部信托法律——《中华人民共和国信托法》正式颁布实施，确立了中国的现代信托制度。随后的一年里又颁布了《信托投资公司管理办法》和《信托投资公司资金信托计划管理暂行办法》（以下简称"旧两规"）。"一法两规"的颁布与实施意味着中国信托业走上了有法可依的规范化道路。然而，"旧两规"并没对信托业进行明确的定位，信托业务方向依然不明确。在这一阶段，监管层也在不断积累经验，完善相关法律法规。

（二）改进完善阶段（2007—2012 年）

2007 年 1 月颁布了《信托公司管理办法》和《信托公司集合资金信托计划管理办法》，即为所谓"新两规"，对信托业进行了明确的定位，鼓励信托公司成为真正的第三方财富托管机构。2010 年 8 月，中国银监会发布了《信托公司净资本管理办法》，要求所有的信托公司在 2011 年底前必须达标。《信托公司净资本管理办法》的实施标志着中国现代的信托业正式迈入"一法三规"时代,意味着中国信托业初级阶段的法律建设已经完成。自此,信托业进入高速发展期。

在2009—2012年,社会整体流动性充裕,持续的低利率环境也促使大量资金从银行移入更高收益的投资理财渠道,以求保值增值。然而股市的持续低迷,国家对房地产行业的严格管控,使投资渠道极为匮乏。信托理财和银行理财以其相对较低的风险和较高的固定收益,成功满足了投资者的需求,信托资产规模大幅增长。2012年底,信托业受托管理的信托资产为7.47万亿元,保险业总资产为7.35万亿元。以"体量"计,信托业已超越保险业,成为仅次于银行业的中国金融业第二大支柱。[①]

(三)调整优化阶段(2012年至今)

1. 行业竞争加剧,融资通道业务萎缩

2012年以来,证监会监管政策开始放松,表现为扩大各类金融机构的投资范围、降低投资门槛以及减少相关限制,这打破了证券公司、期货公司、证券投资基金管理公司、银行、保险公司、信托公司之间的竞争壁垒。根据在Wind数据库可以获得的最早数据,融资类信托从2010年第一季度的61.58%下降到2012年末的33.65%。随着泛资产管理时代的到来,融资通道类信托不再具备制度和成本优势,规模日益萎缩。

2. 资产规模增速放缓,业务结构"三足鼎立"

截至2014年底,信托业资产规模为13.98万亿元,资产同比增长28.14%,增速较2013年末的46.05%回落17.91个百分点。信托业实现经营收入954.95亿元,收入同比增长14.69%,较2013年末的30.42%增幅回落了15.73个百分点。[②] 2010年第一季度,从信托功能上看,融资类信托占据主要地位,占比超过60%,截至2014年底,融资类、投资类及事务管理类信托分别占到33.65%、33.70%和32.65%[③],投资类和事务管理类信托发展迅速,目前三类业务呈现三足鼎立态势。

---

① 数据来源:Wind数据库。

② 根据Wind数据库数据计算。

③ 数据来源:Wind数据库。

表 6 - 1　　　　　　　　　　2014 年底信托业状况简表

信托资产			139799.1 亿元		
按来源分类			按功能分类		
集合资金信托	余额	42920.6 亿元	融资类	余额	47036.4 亿元
	占比	30.70%		占比	33.65%
单一资金信托	余额	87484.4 亿元	投资类	余额	47119.3 亿元
	占比	62.58%		占比	33.70%
管理财产信托	余额	9394.1 亿元	事务管理类	余额	45643.3 亿元
	占比	6.72%		占比	32.65%

数据来源：Wind 数据库。

表 6 - 2　　　　　　　　　　2010 年第一季度信托业状况表

信托资产			23745.4 亿元		
按来源分类			按功能分类		
集合资金信托	余额	2985.5 亿元	融资类	余额	14616.3 亿元
	占比	12.57%		占比	61.58%
单一资金信托	余额	19116.0 亿元	投资类	余额	4222.1 亿元
	占比	80.50%		占比	17.80%
管理财产信托	余额	1643.4 亿元	事务管理类	余额	4906.5 亿元
	占比	6.94%		占比	20.68%

数据来源：Wind 数据库。

3. 政策效果显现，或迎爆发式发展

银监会代国务院起草了《信托公司条例（征求意见稿）》（以下简称《条例》），于 2015 年 4 月下发征求意见，随后下发《信托公司行政许可事项实施办法（征求意见稿）》，被业界解读为《条例》的监管履职说明和细化版本。

根据《条例》，信托公司将实行分类经营，分为成长类、发展类和创新类，对应不同业务范围。等级水平最高的创新类信托公司可以发行金融债和次级债，打破了信托公司不能负债经营的传统监管要求，这有利于优质信托公司业务范围扩大，资产快速扩张。《条例》中还对信托收益权的登记、质押和流转加以明确，这破解了信托资金的发行瓶颈，将挤压证券、基金等资管产品。随着政策效果的逐渐显现，信托行业或将迎来爆发式发展。

三、信托业的"通道"之路

(一) 背离主动管理业务本源

从 2006 年 5 月开始，为规避监管，商业银行与信托公司开始联手推出银行理财与信托产品直接对接的理财产品，商业银行通过设立理财计划向投资者募集资金，然后将理财资金交付信托或者投资者购买信托产品，这一模式被业界通称为"银信合作模式"。银信合作表面模式为：商业银行通过理财产品募集资金投资于信托公司设立的单一信托计划，单一信托计划投资于某领域或标的物。实际上，在银信合作产品中，商业银行始终是主导力量，信托公司只是出借了"牌照"，充当"通道"角色，理财资金发放的对象或者购买的信贷资产一般都是商业银行指定的，商业银行为突破贷存比限制等监管束缚，采取银信合作的方式，扩大放贷规模。由于银信合作成为商业银行规避信贷额度控制的监管套利工具，监管层发布了一系列监管规定应对不断演变的业务模式。2006—2009 年，包括信托贷款和信贷资产在内的银信合作理财产品共发行 6132 款。信托逐渐背离"受人之托，代人理财"的职能定位进行主动管理的业务本源，其制度设计的优越性使其成为监管套利的工具。

(二) 信托业务去"通道化"

随着监管部门对银信合作业务模式的关注，2013 年颁布的"8 号文"、2014 年颁布的"99 号文"以及"127 号文"等文件表明银监会对信托公司的监管思路为去通道化，信托业保障基金中要求对通道业务认购与主动管理业务相同比例的保障基金，也进一步强化了上述监管思路。

2015 年 1 月 16 日下发的《商业银行委托贷款管理办法（征求意见稿）》（以下简称《办法》）规定，商业银行将严禁接受"筹集的他人的资金"发放委托贷款。信托公司具备直接发放信托贷款的业务资格，但证券公司、基金子公司、私募投资基金等无贷款资格，委托贷款是后者弥补无贷款发放资格缺陷的主要手段。《办法》明确委托贷款资金不得为向他人筹集的资金，将限制上述资产管理机构的利用委托贷款进行的套利行为，信托计划或将成为上述资金运用的可替代通道，短期内信托通道业务可能会有所增加。但长期看来，去通道化趋势不可逆转，信托业务结构将持续转型，融资类信托占比可能继续降低。

（三）金融同业竞合新趋势

2012 年下半年以来，监管层陆续出台多项政策，推动制度改革，金融各行业纷纷涉足资产管理业务，由最初的管理公司、信托开始扩展为银行、保险、券商、基金等金融相关行业，中国金融市场迈入"泛资管"大时代。资产管理作为信托的本源业务，在"泛资管"的背景之下呈现出新的特点，即与金融同业之间的关系由之前的竞争重于合作逐步转向合作重于竞争的新格局。目前合作形式多为资金与信托资产的对接，未来应着重关注结构化产品的设计和创新，为不同风险偏好的投资者提供更多有效匹配的投资选择，如信托依托规模庞大的机构投资者提供的资金参与企业并购重组，不仅丰富了金融产品的供应，客观上也助力我国经济结构的调整，淘汰过剩产能。

四、信托业的行为监管特征

（一）制度设计体现行为监管思路

从源头看，信托的制度设计天然体现了行为监管的思路，信托本身即注重金融消费者权益保护，强调信息披露。合格投资者制度，财产投向约束制度，委托人、受托人、收益人的分离制衡制度，信托财产独立运营制度等均体现出信托制度的行为监管特征。

（二）信托参与主体受到行为监管约束

1. 合格投资人限制保护投资者权益

有人称信托为"富贵人的游戏"，这实际上体现了信托对投资者资质的要求。根据银监会《信托公司集合资金管理办法》，信托公司设立信托计划，要求委托人为合格投资者。所称合格投资者，是指符合下列条件之一，能够识别、判断和承担信托计划相应风险的人：

（1）投资一个信托计划的最低金额不少于 100 万元人民币的自然人、法人或者依法成立的其他组织；

（2）个人或家庭金融资产总计在其认购时超过 100 万元人民币，且能提供相关财产证明的自然人；

（3）个人收入在最近三年内每年收入超过 20 万元人民币或者夫妻双方合计收入在最近三年内每年收入超过 30 万元人民币，且能提供相关收入证明的自然人。

条文中并未限定信托计划最低投资额为 100 万元人民币，个人或家庭金融资产总计超过 100 万元人民币且能提供相关财产证明、个人或夫妻双方合计收入满足一定条件且能提供相关收入证明的均属于合格投资者。

规定信托产品销售对象为能够识别、判断和承担一定风险的合格投资者，能够使风险与投资者资质相匹配，避免风险扩散到风险承担能力较低的小额投资者。

2. 严控销售端风险

2014 年 5 月，中国银监会向各地银监局和银监会直管信托公司下发《关于 99 号文的执行细则》，对 4 月发布的《中国银监会办公厅关于信托公司风险监管的指导意见》（银监办发〔2014〕99 号）中的有关事项进行说明。其中，在规范产品营销方面，就严格执行信托产品营销各项合规要求，包括坚持合格投资人标准、私募标准、卖者尽责义务、投资者教育等明确如下几点：

（1）坚持私募标准。不得公开宣传，不得通过手机短信等方式向不特定客户发送产品信息。

（2）禁止信托公司委托非金融机构推介信托计划。禁止委托非金融机构以提供咨询、顾问、居间等方式直接或间接推介信托计划，切断第三方风险向信托公司传递的渠道，避免法律风险。

（3）基于信托公司私募定位、合规推介、信息披露及客户培育等考虑，信托合同签订原则上应由信托公司和投资者当面签署。

3. 信托公司尽职性要求

《信托公司管理办法》第二十四条规定："信托公司管理运用或者处分信托财产，必须恪尽职守，履行诚实、信用、谨慎、有效管理的义务，维护受益人的最大利益。"

第二十六条规定："信托公司应当亲自处理信托事务。信托文件另有约定或有不得已事由时，可委托他人代为处理，但信托公司应尽足够的监督义务，并对他人处理信托事务的行为承担责任。"

（三）信托产品的"隐性"刚性兑付

近年来，信托产品在我国发展迅猛，其中一个主要原因就是信托产品在我国"隐性"的刚性兑付保证。由于信托财产规模较大，出于维护市场稳定的考虑，相关部门也会动用自身资源和手段，在信托出现问题后进行干预，消除负面影响；信托公司为了自身声誉，一旦出现违约情况也倾向于进行刚性兑付，为消费者兜底，这就给投资者带来刚性兑付的理性预期，也造成了信托产品隐性的刚性兑付。

表面上，刚性兑付对金融投资者的权益给予了最有力的保障，然而却与投资理财的风险自担原则相违背。长期看来，随着金融投资者的金融意识增强和金融市场的逐步完善，刚性兑付将逐渐消失，对金融消费者的保护将体现为投资者教育，提高其识别、判断、承担风险的能力。

五、信托业实践行为监管的具体举措

（一）"八项意见"的提出

在 2013 年信托业年会上，银监会主席助理杨家才就信托行业治理体系问题明确提出了"八项意见"。分别涉及到信托公司治理机制、产品登记机制、分类经营、资本约束机制、社会责任机制、恢复与处置机制、行业稳定机制、监管评价机制。

在"八项意见"中，产品登记机制、社会责任机制、监管评价机制分别从产品、信托公司以及监管者的角度体现行为监管要求。

产品登记机制即为建立信托产品登记信息系统，具有产品公示、信息披露、确权功能和交易功能，在信托行为的初始阶段对金融消费者权益进行保护，降低信息不对称，体现行为监管全流程覆盖的思路。

信托实行"买者自负"，社会责任机制要求信托公司更应该负起社会责任，诚实对待金融消费者，出现了损失还要积极采取措施，保护金融消费者权益。社会责任要求一个行业或一个企业，必须要兼顾所有者、劳动者和客户等利益相关者的利益。社会责任，首先是对利益相关者负责，第二是对社会大众负责。在追求利益的同时也要始终坚持维护金融消费者的合法权益。

监管评价机制，是指由各监管部门通过监管工具、监管指标、监管手段，对信托公司的公司治理、内控体系、专业队伍、生前遗嘱、风险状况、高管服从监管等方面进行全面评价，并由此作出机构分类，同时形成一个阶梯式的升级模式。《信托公司条例（征求意见稿）》中也对此加以明确，根据该条例，信托公司将实行分类经营，分为成长类、发展类和创新类，分别对应不同业务范围。通过监管评价机制实现还权于市场、让权于社会、分权于基层，

有利于信托行业的发展和金融消费者权益保护的落实。

（二）信托公司风险监管的指导意见，即"99号文"

2014年4月10日，银监会颁布了《关于信托公司风险监管的指导意见》，即99号文，明确信托公司"受人之托、代人理财"的功能定位，培育"卖者尽责、买者自负"的信托文化。该指导意见中以行为监管规范信托管理的内容主要涉及项目风险管控、产品营销、社会责任机制三个方面。

1. 信托项目风险责任制

妥善处置风险项目，健全信托项目风险责任制，对所有信托项目，尤其是高风险项目，安排专人跟踪，责任明确到人。

2. 规范产品营销

坚持合格投资人标准，应在产品说明书中明确，投资人不得违规汇集他人资金购买信托产品，违规者要承担相应责任及法律后果。坚持私募标准，不得向不特定客户发送产品信息。准确划分投资人群，坚持把合适的产品卖给适合的对象，切实承担售卖责任。信托公司应遵循诚实信用原则，切实履行"卖者尽责"义务，在产品营销时向投资人充分揭示风险，不得存在虚假披露、误导性销售等行为。加强投资者风险教育，增强投资者"买者自负"意识。在信托公司履职尽责的前提下，投资者应遵循"买者自负"原则自行承担风险损失。逐步实现信托公司以录音或录像方式保存营销记录。严格执行《信托公司集合资金信托计划管理办法》，防止第三方非金融机构销售风险向信托公司传递。发现违规推介的，监管部门要暂停其相关业务，对高管严格问责。

3. 建立社会责任机制

中国信托业协会要公布信托公司社会责任要求，按年度发布行业社会责任报告。信托公司要在产品说明书（或其他相关信托文件）中明示该产品是否符合社会责任，并在年报中披露本公司全年履行社会责任的情况。

（三）规范金融机构同业业务，即"127号文"

近年来，我国金融改革发展全面推进，金融机构同业业务创新活跃，发展较快，但也存在部分业务发展不规范、信息披露不充分、规避金融监管和宏观调控等问题。2014年4月24日，人民银行、银监会、证监会、保监会、外汇局联合发布了《关于规范金融机构同业业务的通知》，即"127号文"。

该通知逐项界定并规范了同业拆借、同业存款、同业借款、同业代付、买入返售（卖出回购）等同业投融资业务，就规范同业业务经营行为、加强和改善同业业务内外部管理、推动开展规范的资产负债管理等方面提出了十八条规范性意见。

监管当局打破行业壁垒，对各金融机构之间同业行为进行规范，体现了行为监管对传统分业监管的互补式融入，在避免监管真空的同时提高了监管效率。

专题2：有关银信合作模式的监管文件梳理

一、2009年12月《中国银监会关于进一步规范银信合作有关事项的通知》和《中国银监会关于规范信贷资产转让及信贷资产类理财业务有关事项的通知》。

1. 主要内容：规定银信合作理财产品不得投资于理财产品发行银行自身的信贷资产或票据资产；禁止资产的非真实转移，即在进行信贷资产转让时，转出方自身不得安排任何显性或隐性的回购条件；禁止资产转让双方采取签订回购协议、即期买断加远期回购协议等方式规避监管。

2. 监管目标：抑制银行借道银信产品变相发放贷款的行为。

二、2010年8月《中国银监会关于规范银信理财合作业务有关事项的通知》（72号文）

1. 主要内容：对信托公司融资类银信理财合作业务实行余额比例管理，即融资类业务余额占银信理财合作业务余额的比例不得高于30%。

2. 监管目标：减少通道类业务，降低信贷资产转让类理财产品规模。

三、2011年1月《中国银监会关于进一步规范银信理财合作业务的通知》（7号文）。

1. 主要内容：细化"72号文"对商业银行银信合作业务表外资产转入表内的规定日期限制；对商业银行未转入表内的银信合作信托贷款，各信托公司应当按照10.5%的比例计提风险资本。

2. 监管目标：落实细则，使监管意图更为清晰、明确。

四、2011年7月，银监会对6家国有银行、8家股份制商业银行（中信银行、光大银行、华夏银行、民生银行、招商银行、兴业银行、广发银行、深发展银行）和1家城市商业银行（北京银行）进行监管座谈会，发布《商业银行理财业务监管座谈会会议纪要》。

1. 主要内容：规范资产池类理财产品，不得变相高息揽储；不得面向大众化客户发行标准化的理财产品募集资金发放所谓的"委托贷款"；不得绕过信托开展信托受益权业务；商业银行不得通过相互购买理财产品或发行理财产品投资另一理财产品进行监管套利；不得违规开展信贷资产转让业务。

2. 监管目标：严格规范有关信贷类的理财业务和产品，打击监管套利行为。

专题3：信托100与P2P，同是"凑份子"为何前者被叫停？[①]

2014年4月，一家叫"信托100"的网站引发了媒体强烈关注，该网站将以往只有100万元才能买到的信托的门槛降到了100元。媒体曝光以后，4月17日中国信托业协会迅速发布声明，宣布"信托100"违规，这很快引起了多方争议。

据了解，"信托100"网站信托的销售方式，主要是通过网站与投资者签订委托代理投资协议募集零散的社会资金，再以网站名义与发行信托产品的信托公司签署认购协议，将本来需要100万元买的信托降到了100元。通俗点说，就是凑份子买信托。

众所周知，P2P网站从事的同样是众筹形式的借贷业务，但为何P2P网站没有遭到违法违规质疑，而相对项目质量最可靠的信托却遭到风险提示呢？

目前市场争议的焦点在于集合大量非特定投资者资金是否涉及非法吸收公众存款，以及以众筹形式销售信托是否违法。

根据中国《刑法》第一百七十六条规定，"非法吸收公众存款罪"是

[①] 本专题内容主要引自新浪专栏——意见领袖，庄正：《信托100网的"罪"与"非罪"》，http://finance. sina. com. cn/zl/money/20140422/100518878235. shtml，由笔者在其基础上加以节选、补充。

指违反国家金融管理法规非法吸收公众存款或变相吸收公众存款，扰乱金融秩序的行为。无论P2P网贷还是信托100这样的众筹网站，只要是向非特定个人或机构吸收资金，承诺在一定期限内还本付息达到一定金额或一定人数，这些P2P网贷平台和资金众筹平台就涉嫌违法。

而立案标准门槛也很低——个人非法吸收或者变相吸收公众存款，数额在20万元以上的，单位在100万元以上的；或者个人非法吸收或者变相吸收公众存款30户以上的，单位在150户以上的；或者个人给存款人造成直接经济损失数额在10万元以上的，单位给存款人造成直接经济损失数额在50万元以上的。

监管层对P2P网开一面而对信托众筹喊停的原因在于两种商业模式是不同的。P2P主要是个人或者机构通过P2P平台，就特定项目向个别特定投资者直接融资的手段，核心是融资人先有自己的投资项目、创意，然后再在网上直接筹资，有时候为了吸引投资融资人还不得不公开除项目之外更多的个人或者企业资信，以及其他增信措施。但信托100网站除了向投资者承诺一个高额的财务收益外，投资人资金打到谁的账上，此人是不是合格的信托机构，融资项目是不是安全并不了解。

可以看出来，以众筹形式销售信托不是是否违法的关键，关键在于投资人是否满足信托销售的投资人条件。根据银监会《信托公司集合资金管理办法》规定，自然人、法人或者依法成立的其他组织"投资一个信托计划的最低金额不少于100万元人民币"，"委托人应当以自己合法所有的资金认购信托单位，不得非法汇集他人资金参与信托计划"。

但是根据规定，信托计划只能面向100万元以上的大额投资者，并且各类份额会受到人数方面的限制，包括100万—300万元的50人，300万元以上投资者和机构投资者人数不限等。可见信托投资的门槛相当高。那么为何监管部门会设置这样的门槛呢？其初衷在于，以绝对金额为门槛，规定信托产品销售对象为能够识别、判断和承担一定风险的合格投资者，不让风险扩散到小额投资者和一般老百姓。

事实上，《关于调整信托公司净资本计算标准有关事项的通知（征求意见稿）》也重申了信托公司应坚持合格投资人标准，同时在产品说明书中要求明确投资人不得违规汇集他人资金购买信托产品。

在目前我国的法律法规中，信托从来都属于私募性质，并且从目前的实际情况来看，信托产品暂时还不具备由私募向公募转变的条件。

要让信托从私募转向公募，监管机构需要进一步加强信息披露，加强对信托公司、信托经理、律师事务所、会计师事务所等各方面的约束。"信托100"将信托投资门槛降到100元的行为，从本质上是将信托从"私募"改为"公募"，淡化了合格投资者和不合格投资者的区别。在很多约束没有建立之前贸然降低门槛，将导致风险扩散到小额投资者，这部分投资者风险辨知能力相对较低，同时风险承受能力较弱，不利于投资者利益的保护和金融市场的稳定。

第三节　保险业行为监管

保险市场行为监管的目的是通过制止保险经营机构的违规行为，维护市场法律秩序和保险业稳健运行，最终保护广大消费者的利益。前文已经谈到，保险行业的消费者保护规则体系是相对较完整的，但保险消费领域也是多年来消费纠纷最多的领域，这主要是因为保险产品的种类相对于存款要繁杂得多，保险消费者要面对的状况要复杂得多，问题倒逼保险机构和监管部门要处理更多的复杂情况。

一、保险产品的特点

保险产品，即保险合同，是指投保人与保险人约定保险权利义务关系的协议。保险产品具有以下特点。

（一）保险产品是一种无形商品

保险产品并没有实物形态，其"质量"识别的难度远远高于一般产品。与搜寻品（通过查验在购买之前可以确定商品的质量）相比，它们缺乏能以较低的信息成本进行甄别的物理特性；与经验品（消费者在实际消费后才能确定质量）相比，如果不借助专业的技术手段，消费者在购买保险之后也无法对产品的作用作出准确的结论。消费者在知道保险的一些基本功能后，未必能够甄别产品。①

（二）保险定价的复杂性和交易的长期性

保险产品的定价主要基于对历史数据的分析，较多运用的有大数法则和概率论等知识，定价系统复杂、条款晦涩，非专业人士很难对其适用性和价值作出准确的评估。同时，保险产品带有射幸特质，是一种风险保障，只有在约定的保险事故发生或约定的保险期满时，其使用价值才会凸显。其交易过程远远大于普通商品交易，从而带来保险商品服务本身的不确定性和交易的不稳定性。

（三）保险产品消费的潜在性

保险保障属于非渴求性需要，消费者一般不会主动考虑去购买保险产品。尽管风险客观存在，但风险发生的概率、时间、损失程度等都是不确定的，普通消费者在风险事故发生前或存有侥幸心理或风险估计不足，保险行业的发展需借助政府公信力引导国民的风险防范意识。

二、我国保险消费者权益保护的立法与监管实践

（一）《中华人民共和国保险法》的修订与立法精神的转变

1995 年 6 月 30 日，八届全国人大常委会十四次会议通过了《中华人民共和国保险法》（以下简称《保险法》），这是我国第一部保险基本法，标志着我国保险法律体系主干的形成。2002 年进行了第一次修订，此次修订适应了我国加入世界贸易组织后保险业面临的新形势，更加注重对投保人、被保险人和受益人的保护。例如，对保险公司提取各项责任准备金，确立了保障被保险人利益原则；对于保险代理人超越代理权限代为办理保险业务的行为，投保人有理由相信其有代理权，并已签订保险合同的，修改后的《保险法》规定保险人应承担保险责任。2009 年进行了第二次修订，这次修订重点加强了对被保险人利益的保护，对于保险消费者权益保护具有里程碑意义。从此，我国政府部门日渐重视保险消费者权益保护，保险消费者权益法律保护理念与法制开始逐渐发展，相关的保险消费者权益保护规则不断出台，开始真正形成以保险消费者权益保护为核心的保险法律体系。

---

① 赵军：《声誉机制：保险市场行为监管的优化路径》，载《渭南师范学院学报》，2013（7）：93-96 页。

新《保险法》立法精神的重大转变，主要体现在以下三方面：一是增设不可抗辩条款、借鉴禁止反言制度，在载明投保人未履行如实告知义务时保险人享有合同解除权的同时，也对保险人的解除权行使加以限制；二是人身保险的保险利益范围扩大，在人身保险中规定了对被保险人利益的特别保护；三是免责条款需另行说明，新《保险法》在保险条款中规定了保险人的明确说明责任，保险公司除需要证明其在保险条款上做了"足以引起投保人注意"的提示之外，还需要证明其对自身责任免除部分单独向投保人作了"强调"说明，这使投保人的知情权得到了更充分的保护，比较有效地解决了投保人由于行业信息所限，不了解保险条款的弊端。

（二）保险业行为监管实践

1995 年 7 月，中国人民银行保险司正式设立，中资保险公司的监管由其专门负责，外资保险公司仍由外资金融机构管理司保险处负责监管。

1998 年 11 月 18 日，中国保监会正式设立，保险监管职能由其专司，保险监管机构的独立更有利于规范保险行为、维护保险消费者的权益。

2001 年 1 月 3 日，中国保监会公布了《保险公司管理规定》，此规定加强了对保险公司的监督管理，为保护保险消费者的合法权益，维护保险市场的正常秩序作出了重要贡献。

2011 年 10 月，保监会正式设立保险消费者权益保护局，标志着消费者权益保护被提上保险监管的重要议程。

2012 年 2 月 8 日，《关于做好保险消费者权益保护工作的通知》（保监发〔2012〕9 号）正式出台，要求各级保险公司机构要公布保险消费者投诉维权电话号码等，畅通保险消费者维权渠道。此外，还要求保险公司构建完善保险合同纠纷调处机制，降低消费者维权成本。

2012 年 4 月中国保监会与中国保险行业协会联合召开了保险纠纷调处机制工作会议，要求在各保监局所在地建立保险纠纷调处机构。2012 年 4 月 26 日，保监会保险消费者投诉维权热线 12378 正式开通，进一步畅通了保险消费者维权途径。

2014 年 11 月保监会印发《中国保监会关于加强保险消费者权益保护工作的意见》，这是我国金融监管部门发布的第一个对全行业消费者保护工作作出全面、细化规定的制度安排，主要有四个突出特点：一是强化保险公司主体责任。借鉴 2011 年二十国集团金融消费者保护高层原则提出并将强化公司主体责任贯穿全篇，设置了"强化保险公司主体责任"专条，从公司治理、条款费率、销售、理赔、服务、信息安全等方面对保险公司提出了具体要求。二是重视透明度监管。把透明度的高低作为衡量一国监管水平的重要标志，信息披露的要求明确具体。三是注重预防性保护与过程性保护相结合。确立了建立预防性保护和过程性保护这一环环相扣、无缝衔接的全过程保护体系，在保险监管和公司经营管控的各环节深入推进保险消保工作。四是建立借力监管机制。提出保险监管机构要建立和完善与政府有关部门包括工商、公安、审计、其他金融监管机构，司法机关包括法院、检察院，以及社团组织包括保险行业协会、消费者协会等单位的协同联动机制，在保险消保工作的信息互通、案件移交等方面加强合作。

三、我国保险消费者权益受损状况分析

随着经济的发展和金融创新的不断深化，保险作为我国金融体系的一个重要组成部分，在经济发展过程中承担越来越重要的角色。另一方面，保险领域有关保险服务侵犯消费者权益的事件时有发生，这也成为影响我国保险业健康发展的一个重要问题。从当前状况来看，我国保险消费者权益保护现状不容乐观，侵犯消费者权益的事件数量众多，类型广泛。

（一）保险市场消费者权益受侵害的事件数量众多

2015 年 1 月 12 日，中国保监会在其官网曝光了近两年查处的 5 起侵害保险消费者合法权益的典型案例，要求保险企业进一步强化保护消费者合法权益的主体责任意识，加大内部责任追究力度，并提醒消费者提升风险识别能力。通报显示，利用产品说明会虚假宣传、银保渠道使用违规宣传材料等仍是保险行业出现的典型侵权现象。销售误导一直是保险行业的顽疾，近年来保监会一直在加大这方面的打击力度。此外，车险领域理赔难一直饱受诟病。

（二）保险消费者权益受侵害范围广

综合分析保险市场消费者权益受侵害的相关案例，可清楚地发现相关侵权案件主要集中在以下若干权利：

1. 侵害消费者的知情权

保险产品作为专业性较强的金融产品，存在着严重的信息不对称。设计保

险产品的一方往往对保险产品的收益、风险等产品参数较为了解。而相对的另一方，即保险产品的消费者，对产品的设计、风险收益模式等往往不具有较高的辨识能力。这样，保险从业者往往对保险产品进行过度宣传和包装，对收益盲目夸大，对风险有意回避，造成消费者盲目购买，无法真正享有《消费者权益保护法》所规定的知悉其购买、使用的商品或接受的服务的真实情况的权利。

2. 侵犯保险消费者的自主选择权

法律规定，保险消费者有自由选择保险机构、消费方式、消费时间和地点的权利，不受他人干预。但是现存的保险机构往往在消费者进行保险产品选择中进行干涉。如客户在办理个人住房贷款时，往往被强制在指定的保险公司购买相关的保险产品。

3. 侵犯保险消费者的公平交易权

法律规定，消费者在和保险公司签订相关保险合同时，应遵循平等、公平和诚实信用的原则。保险公司不得在合同关系中转嫁风险，规避自身义务，不得违反公平交易的原则。但是实际生活中并非如此。

4. 侵犯了保险消费者的财产权

保险消费者在购买、使用保险产品的过程中，依法享有财产不受威胁、侵害的权益。但现实生活中经常发生客户赔款被冒领、保费被挪作他用，保险消费者权利受到侵害的事件。

5. 侵犯了保险消费者的参与监督权

法律规定，消费者具有对所消费的产品和服务进行监督和批评的权利。但在众多的保险消费过程中，诸如伤残鉴定等更多是以保险公司指定或认定的鉴定机构出具的鉴定结果为准，保险消费者参与和监督的权利经常被有意无意侵害。[①]

四、完善我国保险业行为监管的政策建议

2014 年 8 月《国务院关于加快发展现代保险服务业的若干意见》下发，提出到 2020 年要基本建成保障全面、功能完善、安全稳健、诚信规范，具有

---

① 赵芳喜：《保险市场行为监管与消费者权益保护研究》，载《中国保险》，2012（1）16 – 19 页。

较强服务能力、创新能力和国际竞争力，与我国经济社会发展需求相适应的现代保险服务业。这一目标的实现不仅有赖于行业发展政策和法律环境的完善、行业内机构的努力，更有赖于保险消费者的认可，让保险体系真正成为保障消费者自主选择的生活稳定保障，成为消费者私人财富被动管理的安全稳健的工具。行为监管着眼于金融消费者权益保护，应成为未来保险业监管的工作侧重点。

（一）将行为监管的思想嵌入保险交易法律关系以及有关协议文本

完善的行为监管规则体系是保险消费者权益保护的大前提。由于保险机构与消费者之间强弱的巨大差别，这个体系应当充分体现出对保险消费者的倾斜保护原则，对保险机构赋予某些特殊义务、对保险消费者赋予某些特殊权利，使其能与保险机构适度抗衡，实现实质上的平等。在目前已经出台的规则文件中，已经非常重视信息披露与告知说明义务的强化、规范劝诱方式和保险消费者教育，随着市场的深化发展，这些规则将会被进一步细化，将更容易被执行、被监管，经营主体的遵守成本和监管成本也会更低。

（二）加强保险从业机构和人员队伍建设

主要包括加强专业能力建设和提高职业道德水准。行为监管的关键是解决信息不对称，保险市场因固有的信息不对称性，保险机构与消费者之间存在不可避免的利益冲突。保险机构相对消费者而言，在产品的制定、交易过程、监督政策等方面具有天然的优势。因此，保险机构理应承担更多的责任与义务，来弥补与消费者不平等地位之间的差距，其中信息的提供和获取是核心。保险从业人员是保险公司和保险消费者沟通的桥梁，保险消费者获得的信息大部分来源于保险从业人员，因而保险从业人员的专业素质和职业道德都会直接影响消费者对信息的获取。

（三）加强保险消费者教育

保险公司和监管机构应定期为保险消费者组织宣讲会或提供书面材料，其目标除了增强保险消费者风险意识外，还包括提高保险消费者对保险产品的鉴别能力，可通过讲解保险专业知识实现。另外，由于保险消费者的成熟是行业健康发展的基础，行为监管应当以培养成熟消费者为目标，而不是无条件地免除消费者过失，这个体系应当充分体现出对保险消费者的适度保护原则，在保护消费者与维持市场自由、当事人意思自治之间找寻平衡点。

第四节　互联网金融行为监管

2014 年 3 月 5 日，国务院总理李克强在十二届全国人大二次会议上作政府工作报告时提出，要"促进互联网金融健康发展，完善金融监管协调机制"。这是互联网金融首次被写入政府工作报告。时隔一年，在 2015 年 3 月 5 日召开的十二届全国人大三次会议上，李克强总理作政府工作报告时两次提及"互联网金融"，并对其表述为"异军突起"，要求促进"互联网金融健康发展"。报告中指出，新兴产业和新兴业态是竞争高地，2015 年将制定"互联网 +"行动计划，推动移动互联网、云计算、大数据、物联网等与现代制造业结合，促进电子商务、工业互联网和互联网金融健康发展，引导互联网企业拓展国际市场。在两个月之前，2015 年 1 月 4 日下午，李克强总理视察前海微众银行，银监会主席尚福林陪同参观，共同见证了国内首家开业的互联网民营银行深圳前海微众银行完成第一笔放贷业务，李克强总理表示"政府要为互联网金融企业创造良好的发展环境"。

一、互联网金融的兴起

由于我国长期以来存在的金融抑制和贷款理念问题，以及无风险收益率较高的客观现实，传统金融始终无法解决中小企业融资难、融资贵的难题。互联网金融所具有的金融普惠性冲破了传统金融的高门槛壁垒，以 P2P 网络贷款为主要形态的债权型众筹和股权型众筹降低了中小企业的融资成本和融资门槛，对原有金融体系形成良好的补充。在切实服务于实体经济的基础之上，互联网金融行业近年来呈现出蓬勃发展态势。

（一）互联网金融的内涵

互联网金融并不是简单的"互联网 + 金融"，也不是复杂到与传统金融没有关联，更不是在现代金融体系之外的一个异生物或类生物。互联网金融是现代经济进入互联网时代，在金融上所表现出的新特征、新技术、新平台、新模式和新实现形式。

互联网金融这一概念最先由我国提出，目前并没有非常权威、精准的定义。阿里巴巴集团董事局主席马云在 2013 年 6 月的一次演讲时这样提出：

"未来的金融有两大机会，一个是金融互联网，金融行业走向互联网；第二个是互联网金融，纯粹的外行领导"。一般认为，互联网金融为依托于云计算、大数据、社交网络以及搜索引擎等互联网工具，实现资金融通、支付和信息中介等业务的一种新型金融模式。狭义互联网金融最为典型的模式是第三方支付、P2P网络贷款和众筹金融，其他还包括电商金融、互联网理财和网络虚拟货币等。广义理解，所有涉及金融业务的互联网经营模式都可以纳入互联网金融范畴。本书采用中国人民银行的一份报告中给出的定义：互联网金融是互联网与金融的结合，是借助互联网和移动通信技术实现资金融通、支付和信息中介功能的新兴金融模式。①

目前，对于互联网金融业态的分类尚未达成共识，较为官方的表述来自中国人民银行发布的《中国金融稳定报告（2014）》，将互联网金融的主要业态划分为互联网支付、P2P网络借贷、网络小额贷款、众筹股权融资、金融机构创新型互联网平台、基于互联网的基金销售等。在此基础之上，我们选取目前发展较为成熟、典型的互联网金融业态加以讨论，主要包括金融互联网、第三方支付（含移动支付）、P2P网络借贷、众筹股权融资、基于互联网的理财产品销售。

（二）互联网金融的发展历程

1. 稳步发展阶段（2003—2012年）

2005年之前，我国互联网金融的发展主要为金融互联网化的过程，尚未出现真正的互联网金融业态，表现为传统金融机构对互联网工具的使用。20世纪90年代出现的网络银行和手机银行通过信息通信技术和互联网技术，使客户可以在任何时间、地点获得银行服务，银行业务发生革命性变革。网络证券公司作为证券公司的互联网形式，开始利用互联网向客户提供信息服务和投资中介服务。网上交易日渐兴起，在投资者的证券交易方式中所占比重逐渐升高。

2003年10月，作为第三方支付的代表，支付宝首次在淘宝出现，主要面向淘宝网提供担保交易，解决淘宝网发展的支付瓶颈问题。2004年12月，支

---

① 中国人民银行金融稳定分析小组编：《中国金融稳定报告（2014）》，145页，北京，中国金融出版社，2014。

付宝从淘宝网的第三方担保平台向独立支付平台发展。2008年8月底，支付宝用户数量达到1亿户，2009年7月6日，突破2亿户，2010年12月，突破5.5亿户。2011年5月，中国人民银行宣布支付宝、财付通、易宝支付等27家公司获得中国人民银行颁布的首批第三方支付牌照。2011年中国支付行业互联网支付业务交易规模达到22038亿元，增速达118%。中央银行支付牌照的发放，开启了第三方支付行业发展的新纪元，更多的应用服务领域向支付行业敞开。

2005年3月，全球第一家P2P借款平台Zopa在英国伦敦成立。在Zopa之后，2006年2月在美国开始出现一家名为"Prosper"的个人信贷网站。由于信用体制的完善，Prosper在身份验证方面的效率非常高，最快在通过验证的当天就可以获得借款。Prosper是美国第一个P2P借贷市场。Prosper和Zopa主要依靠用户费用获利，借贷双方都需要支付一定的费用。2007年6月，我国第一家网贷平台拍拍贷在上海成立。在其后的几年间，国内网贷平台始终寥寥无几。直到2010年，网贷平台才逐渐走入人们的视野，进入到快速发展期，一批网贷平台踊跃上线。据不完全统计，截至2011年底，我国P2P网贷平台数量达到50家，成交量约为31亿元。①

2003年，艺术众筹网站ArtistShare在美国成立，标志着众筹模式的诞生。2008年1月，美国第二大众筹平台Indiegogo正式上线。当下最负盛名的众筹网站Kickstarter于2009年在纽约成立。Kickstarter和Indiegogo两家初步获得成功的平台都是预售型众筹，回报以创意产品为主。2011年1月，全球首家股权众筹平台Crowdcube在英国诞生，Crowdcube是一种以股票为基础的筹集资金平台。2011年7月，国内首家众筹平台"点名时间"上线，也是国内最大、发展最成熟的众筹网络平台。2011年11月11日，中国首家股权众筹网络平台"天使汇"上线。2012年3月，国内首家垂直类众筹网站"淘梦网"正式上线。

2. 井喷式发展阶段（2012年至今）

2013年6月13日，支付宝推出的创新余额增值服务"余额宝"正式上线。支付宝用户把钱转入余额宝中，自动买入天弘基金旗下的"天弘增利宝"

---

① 数据来源：网贷之家，http：//shuju. wangdaizhijia. com/industry – type – 2 – 2 – 2015. html。

货币基金，可以得到货币基金的收益，同时余额宝内的资金还能随时用于网上购物、支付宝转账等支付功能。余额宝的面世标志着互联网金融进入井喷式发展阶段。

余额宝上线 6 天用户数即突破 100 万户，上线 18 天规模即达 57 亿元、用户数突破 251 万户，一举成为覆盖人群最广的货币基金。2013 年第三季度末，余额宝以 556.53 亿元的总规模跻身全市场资产规模最大的基金。2013 年 11 月 14 日，余额宝规模突破 1000 亿元，开户数超过 2900 万户，成为国内基金史上首只规模突破千亿元关口的基金。2014 年 1 月 15 日 15 时，余额宝规模已超过 2500 亿元，客户数超过 4900 万户。[①] 天弘基金国内排名升至行业第一，成为国内最大的基金管理公司。

余额宝上线后，各种由银行发行和互联网企业推出的"宝宝"类产品层出不穷，其本质都是货币基金，自 2013 年年中余额宝横空出世后就存在一波爆发式增长：2013 年第四季度，"宝宝"类产品的规模仅为 5876.15 亿元，2014 年第一季度，规模上升至 12607.07 亿元，规模扩张一倍有余。按照销售机构划分，可将"宝宝"类产品分为基金系、银行系、第三方支付系和第三方销售系。截至 2014 年底，基金系"宝宝"产品共有 32 个，银行系"宝宝"产品共有 25 个，属于第三方支付系的"宝宝"产品 14 个，属于第三方销售系的"宝宝"产品有 8 个。对比 2013 年和 2014 年各系"宝宝"的数量，2013 年基金系、银行系、第三方支付系和第三方销售系"宝宝"数量分别是 13 只、4 只、2 只和 5 只；而 2014 年各系"宝宝"数量分别为 19 只、21 只、12 只和 8 只。其中，银行系"宝宝"数量增长最大。2014 年第二季度和 2014 年第三季度"宝宝"类产品的总规模分别为 13845.91 亿元、15318.77 亿元。[②]

2012 年我国网贷平台进入了爆发期，大量网贷平台相继成立，截至 2012 年底，运营平台约有 200 家。进入 2013 年，网贷平台更是蓬勃发展，以每天 1—2 家上线的速度快速增长，同时，平台数量大幅度增长所带来的资金供需

---

① 数据来源：凤凰财经，http://finance.ifeng.com/a/20140116/11483081_0.shtml。

② 数据来源：李真：《互联网金融哪家强——2014 年互联网金融产品年度报告》，载《华宝证券研报》，2015 - 02 - 04。

失衡等现象开始逐步显现。2013 年 10 月出现了 P2P 网贷平台第一波跑路潮，全年共计超过 70 家 P2P 平台倒闭或者跑路，涉及金额 12 亿元左右。

2014 年我国网贷行业成交量以月均 10.99% 的速度增加，全年累计成交量高达 2528 亿元，是 2013 年的 2.39 倍。据不完全统计，截至 2014 年底，我国网贷运营平台已达 1575 家，中国网贷行业历史累计成交量超过 3829 亿元。P2P 网贷平台在野蛮生长的同时，诈骗、倒闭、跑路问题频发，2014 年当期问题平台达到 270 余家。相对 2013 年的爆发式增长，2014 年由于问题平台不断涌现，正常运营的网贷平台增长速度有所减缓，但绝对增量超过 2013 年。[①]

表 6 - 3　　　　　　　　　　　P2P 网贷平台数据一览表

时间	成交量 （亿元）	平台数量 （家）	贷款余额 （亿元）	平均借款 期限（月）	当期投资 人数（万人）	当期借款 人数（万人）
2012 年之前	31	50	13	6.90	2.80	0.80
2012 年	212	200	56	5.98	5.10	1.90
2013 年	1058	800	268	4.73	25.00	15.00
2014 年	2528	1575	1036	6.12	116.00	63.00

数据来源：网贷之家。

2014 年，中国以全年 2528 亿元的交易额居中英美 P2P 行业交易量之首位，英、美交易额分别为 153 亿元、366 亿元。2014 年全球主要 P2P 平台中，美国 Lending Club 以 267.755 亿元（43.758 亿美元）的成交额居全球交易量首位，中国则以红岭创投居首，成交额为 147.742 亿元。[②] 2014 年 6 月，Eaglewood Europe 开始在伦敦股票交易所（LSE）挂牌交易，代码 "P2P"，成为第一只在交易所挂牌交易的 P2P 投资基金。2014 年 12 月，全球最大的 P2P 网贷平台美国 Lending Club 成功登陆纽约证券交易所，成为行业第一家上市公司。

2014 年以来，银行、国资、上市公司、风投资本不断涌入网贷行业，加速网贷行业布局。风投系、上市公司系、国资系、银行系背景的网贷平台数量分别为 29 家、17 家、17 家、12 家。这些平台依靠自身背景作为信用背书，

---

① 数据来源：网贷之家，http://www.wangdaizhijia.com/news/baogao/16305.html。
② 数据来源：转引自李真：《互联网金融哪家强——2014 年互联网金融产品年度报告》，载《华宝证券研报》，2015 - 02 - 04。

其综合收益率一般在 12% 以下。① 目前这些平台并没有迅速做大，行业仍以民营系平台为主。

2014 年被誉为众筹元年，众筹平台如雨后春笋般出现。目前，我国众筹行业主要模式为股权型众筹、预付型众筹（商品众筹）、公益型众筹三种，其中股权型众筹因商业性更强、风险更大成为重点监管的对象。据不完全统计，截至 2014 年底，国内已有 128 家众筹平台，覆盖 17 个省（含自治区、直辖市，不含港台澳地区）。其中，股权型众筹平台 32 家，商品众筹平台 78 家，纯公益众筹平台 4 家，另有 14 家股权 + 商品性质的混合型平台。2014 年度，15 家主要商品众筹平台成功完成筹资的项目总数为 3014 个，成功筹款金额约为 2.7 亿元，活跃支持人数至少在 70 万人以上。在股权型众筹方面，可获取的数据显示成功项目有 261 个，筹资总额 5.8 亿元；考虑到第一梯队的天使汇、创投圈、原始会等平台未公开具体项目数据，预计筹资总额至少在 15 亿元以上。②

（三）互联网金融兴起的内在原因

1. 互联网尤其是移动互联网的快速发展为互联网金融提供了技术条件

互联网是利用通信设备和线路将不同地点的、功能相对独立的计算机系统互连起来，以功能完善的网络软件实现网络资源共享和信息交换的数据通信网。随着宽带无线接入技术和移动终端技术的飞速发展，以及人们生活节奏的日益加快，移动互联网应运而生并迅速走入大众生活。数据显示，截至 2014 年 12 月底，我国网民的数量已达 6.49 亿人，其中手机网民数达 5.57 亿人，而 2013 年底的数据分别为 6.18 亿人和 5 亿人，增长量分别为 3117 万人和 5672 万人，手机网民数的增长速度远远大于总的网民数增长速度。③ 互联网尤其是移动互联网的快速发展，无疑为互联网金融的兴起创造了技术条件。

2. 电子商务的发展为互联网金融提供了社会条件

从 1999 年阿里巴巴成立，2002 年淘宝网成立，到支付宝、天猫商城，再到 2014 年的菜鸟物流，阿里巴巴打造电子商务生态体系足以影响到日常生

---

① 数据来源：网贷之家，http://www.wangdaizhijia.com/news/baogao/16305.html。

② 数据来源：壹零财经，http://www.01caijing.cn/html/zc/1439_8230.html。

③ 数据来源：CNNIC 第 35 次中国互联网络发展统计报告。

活。与此同时，京东商城、苏宁云商、万达电商等电商企业涌现，财付通、快钱支付等支付体系兴起，越来越多的网民已经形成网上购买、支付的习惯。数据显示，截至2013年6月，我国网上支付用户数为2.4亿人，占总网民数的41.4%，比2012年的2.2亿人增加了0.2亿人，增长率近10%。网民数量的增长、电商的促销优惠活动以及网络购物方便等特点都对网上支付用户数的增长起到了促进作用。

3. 传统金融业的缺陷为互联网金融提供了业务空间

近年来，在国际金融危机的持续影响下，我国经济发展主要依靠投资拉动。尤其是2008年4万亿元政策出台之后，很长一段时间内，资金主要流向基础设施类投资领域。广大中小企业很难通过金融机构得到资金支持，融资难、融资贵现象日渐突出。针对传统金融机构对中小企业资金支持缺位的现实问题，互联网金融的出现恰好填补了这块空白，对传统金融不能满足的需求部分进行有效补充。在这种金融模式下，支付便捷，搜索引擎和社交网络降低信息处理成本，直接融资的模式又提升了资源配置效率，且边际成本几乎为零，能实现规模化供给。

4. 对大众金融消费者实际需求的关注与满足为互联网金融提供了持续的动力

互联网金融面向最普通的大众金融消费者，能够为他们提供被传统金融拒之门外的一些基本金融服务。这里以流动性、盈利性和安全性为例，选取"余额宝"和"招财宝"两个最具影响力的板块说明互联网金融对普通大众金融消费者的高度关切和服务起点。随着网上消费的普及，用户在支付体系产生大量的短期资金沉淀，这些资金只能托管在银行中，获取极低的利息收益，因而牺牲了资金的盈利性。人们在客观上有将这些短期资金盘活获取更高收益的内在要求，于是，余额宝应运而生。余额宝转入资金门槛仅为1元，是所需资金门槛最低的一只基金，在满足流动性的基础上兼顾盈利性是余额宝的主要特征。余额宝的产生正是基于对大众金融消费者实际需求的洞察和支持。

余额宝的定位是现金管理，但数据显示，很多人将其作为投资手段，人们更看重其盈利性而非设想的流动性。逐利的目的受到热捧，这与余额宝的功能定位并不匹配。2014年4月10日，招财宝平台正式上线运营，目的在于满足人们在保证资金安全性基础上的盈利需求。招财宝上线近半年后，平台上增加了变现功能。这是对盈利和短期资金管理两大目标的创造性融合，招财宝平台完成了保障安全性、力求盈利性、兼顾流动性的应用场景构建。

二、互联网金融的基本逻辑与模式

（一）互联网金融的基本逻辑

传统金融意义上的"资源配置"，核心是资金的供给方通过适当的机制将使用权让渡给资金需求方的过程。这种机制分为两类：一是金融机构，主要为商业银行，资源配置表现为吸收存款和发放贷款的过程；二是金融市场，主要为资本市场，资金供给者与需求者以市场为平台直接交易以完成资源配置过程。通常，约定俗成地把前者称为"间接融资"，把后者称为"直接融资"。

在金融的两种融资形式中，间接融资的基础风险是信用风险，直接融资的基础风险是透明度及定价。传统上，在间接融资中，信用风险评估的主要标的除信用记录外，更多侧重于土地、房屋等物质资产和公司信誉状况等指标，缓释信用风险的机制多数都是抵押、质押和担保。在直接融资中，透明度的风险主要表现在信息披露是否真实、及时、完整。这两种对风险的定义在自身逻辑范围内没有问题，但前者即商业银行对风险的定义多少有点"富人好信用，穷人差信用"的逻辑；后者则把信用的履约置于法律和道德两重约束下的"自觉之中"。而实际上，个人或企业信用的优劣，是否存在履约风险，可以在实际交易行为中体现出来。持续、高频率、以信用为担保的交易更能真正地、动态地反映交易主体的信用和履约能力。互联网与生俱来的信息流整合功能，创造了大数据时代，它显然区别于以抽样统计为基础的小数据时代。它通过对云数据的处理，使人们能够清晰地看到抽样所无法描述的细节信息。

在互联网所创造的大数据时代，首要的是如何获取数据，互联网"开放、平等、协作、分享"的精神，为数据的获得创造了天然的平台，从而较好地解决了经济活动中信息不对称性问题。在这个时代，仅仅云数据的处理就可能形成新的"金融中介"，个人或企业的信用信息无一不体现在其中。在这些云数据中所体现的信用信息，要远比传统的信用识别标志准确得多。所以，互联网在金融最关心的信用风险识别上，显然更进了一步，使金融识别风险的能力更具时效性、准确性，进一步完善了金融识别风险的能力。

互联网既然可以更有效地识别信用风险，又解决了经济活动中信息不对称性问题，那么，以互联网为平台的金融显然更有利于金融的"资源配置"功能的实现。

（二）互联网金融的一般模式

可以说，互联网金融主要是通过第三方支付的方式满足用户的投融资及风险管理等需求，在促成直接融资方面发挥了重大的推动作用。具体业务形态上，可用图6-2表示。

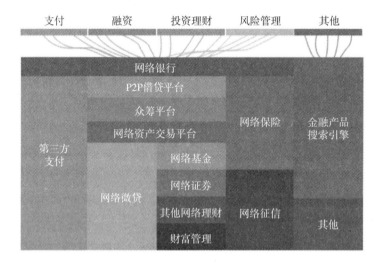

图6-2　互联网金融典型业务模式图

以具代表性的P2P为例，一共有四种模式：

第一种是纯线上模式，从借款、申请、审批到撮合交易均通过互联网完成，主要以拍拍贷为代表。平台不承担风险和担保责任，出资人承担全部风险，在中国信用体系不完善的情况下，出现逾期和坏账的可能性比较高。

第二种是线上线下结合的模式，即借款人的寻找和审核通过线下来完成，通过P2P线上募集资金，主要以人人贷为代表。相比于纯线上模式，风险控制得相对好一些，但风险集聚于平台自身，一旦出现大面积的风险暴露，平台可能出现资金上的风险。

第三种是平台与第三方担保机构合作的模式，由线下的担保公司、小贷公司、典当公司为借款提供担保，P2P提供撮合交易，如陆金所、有利网以及开鑫贷等，但陆金所已明确表示要逐步取消担保。该种模式将风险分散给第三方和担保机构，平台和出资人的风险相对较小。

而第四种模式则是纯线下模式，在行业内主要指"宜信模式"，借款通过线下寻找、线下审核，理财资金也是通过线下来募集。

除了P2P之外，一些主流互联网金融企业如蚂蚁金融服务集团、微信理财通、各大传统金融向互联网金融的渗透等也在源源不断地产生新的业务和产品，不断推陈出新。在这个过程中，值得注意的是互联网金融平台自身的作用。总的来看，在互联网金融系统中存在三个机构主体：资产（融资）主体、增信（担保）主体、平台主体。不同平台推出的产品标的不同、收益不同，投资者的偏好也不尽相同，这些都源于每一个平台的主体信用不同，所以平台自身是存在信用的。

三、互联网金融目前存在的主要问题

互联网金融凭借其草根特质，覆盖传统金融服务盲区，增加金融有效供给，使发展普惠金融成为可能。同时，又在创新营销渠道、降低经营成本和交易成本等方面冲击了传统商业模式，具有"鲶鱼效应"，推动了金融创新，促进了市场竞争，倒逼利率市场化和金融企业改革。通过支付、融资等方式助推电子商务等新型业态发展，扩大了社会消费，使其成为新的经济增长点。此外，在引导民间融资走向规范化和提高金融业信息化水平等方面也起到了重要作用。另一方面，互联网金融的发展及自身的特点也带来一系列新的问题，归纳来看，主要有以下几点。

（一）交易安全问题

互联网金融的发展在给人们带来便利的同时，也引发了交易安全的问题。比如手机在线支付，用户可能发生手机丢失、病毒侵入、微信号被盗、银行卡的用户名密码账户被他人窃取等问题，这些都可能对移动支付者造成财产损失。《中国反钓鱼网站联盟工作报告》显示，截至2013年10月底，联盟累计处理钓鱼网站152152个，2013年1—10月共处理49613个，较2012年同期（21625个）增长129%。同一时间内，据CNNIC统计，过去半年遇到过

网络安全问题的网民比例高达 74.1%，影响总人数达到 4.38 亿人。

（二）监管不足的问题

随着互联网金融的蓬勃发展，与其相伴的金融风险也在集聚。近来 P2P 借贷平台快速生长，"跑路"事件频发。据一项最新统计，2012 年以前，P2P 借贷平台倒闭总数量约为 20 家，而 2013 年问题平台的数量激增到 70 家左右，截至 2015 年 2 月底，问题平台数达到 130 多家。业内人士称，2015 年行业风险会继续增加，P2P 平台将开始出现分化，一些小的平台会加速问题暴露。可见，如何对互联网金融进行有效监管，成为一个富有挑战性的现实课题。

无论是余额宝、财付通、手机在线支付，还是不被大多数人所知的"众聚"、"众筹"，即从互联网上筹钱，这些都属于资金流动活动，也成为传统金融监管无法覆盖的新领域。因此，如何开展对于互联网金融的监管已经成为一个监管部门必须面对、绕不过去的课题。

（三）投资者教育问题

目前互联网金融平台良莠不齐，收益和风险相差很大。在普通投资者看来，都宣称是互联网金融平台，往往存在因获利驱动而忽视风险的倾向。加上一些平台在信息披露方面用形式告知代替实质辅导，存在形式上认同、过场式告知乃至强制式选择等问题。投资者在投资前和投资后，存在对于资金应用方向、风险防范措施、产品交易机构等基本信息没有明确把握的实际现象，在追求便捷时忽视了安全，在崇尚收益时忘记了风险，在一定程度上助长了平台公司借新还旧甚至庞氏骗局的可行性，这是影响互联网金融健康发展的主要羁绊。

（四）风险问题

从互联网金融面临的各类风险来看，主要有三类风险值得关注。

一是技术类风险，主要包括网络安全风险、信息泄露风险以及新技术应用风险三个方面。

二是业务类风险，包括资质风险、资金风险、操作风险、信用风险等。

资质风险：传统金融机构的资格管理有效防范了这一风险。这也是传统金融企业信用与平台公司自身信用的显著区别。由于网贷公司门槛低，随时可能破产，一旦出现资不抵债，投资方直接关门跑路屡见不鲜。

资金风险：一般存在两种情形。一是平台通过虚构借款方信息诱骗投资者购买，实则资金流向平台企业的腰包，即平台公司的"自融"风险。二是平台企业采用债权转让的模式，拆分错配，在平台自身无杠杆限制、无准备金比例的情况下，存在较大的流动性风险。

操作风险：指由于不完善或有问题的内部操作过程、人员、系统或外部事件而导致的直接或间接损失的风险，加上是一门新兴领域业务，相关的法律法规条文非常缺乏，黑客大肆攻击、要挟平台事件频繁出现，严重影响了平台的稳定运行。

信用风险：主要是针对网贷中的信用贷款而言，鉴于目前国内的信用体系以及行业成熟度的情况，在经济增速放缓的环境下，企业和个人流动性将越发紧张，P2P网贷的违约风险会更大。

三是法律类风险。P2P网贷和众筹融资等互联网金融产品游走于合法与非法之间的灰色区域，操作不当就可能触碰"非法吸收公众存款"或"非法集资"的高压线。

四、互联网金融的监管思路与框架

（一）我国互联网金融监管发展历程

互联网金融的兴起历经了一段长时间的准备期，其发展曲线呈现出缓慢上升的趋势，这一阶段，互联网金融监管没有及时跟进。在井喷式发展之后，随着问题暴露日渐增多，中央和地方有关部门开始针对不同业态出台一些相应的政策，监管措施也日渐增多，但仍处在探索和尝试阶段。

1. 中央部委的有关监管政策

2011年8月23日，中国银监会办公厅发布了《人人贷有关风险提示的通知》（银监办发〔2011〕254号），揭示了人人贷中介服务存在的七大风险：一是影响宏观调控效果；二是容易演变为非法金融机构；三是业务风险难以控制；四是不实宣传影响银行体系整体声誉；五是监管职责不清，法律性质不明；六是国外实践表明，这一模式信用风险偏高，贷款质量远远劣于普通银行业金融机构；七是人人贷公司开展房地产二次抵押业务同样存在风险隐患。这是监管部门首次对P2P网贷平台的风险作出提示，并明确提出三个方面的措施：（1）建立与P2P信贷之间的"防火墙"；（2）加强银行从业人员管理；（3）加强与工商管理部门沟通。

中国人民银行《2013年第二季度货币政策执行报告》在行业分析中首提

互联网金融业，认为"与传统金融业相比，互联网金融业的风险主要集中在消费者信息安全和风险管控等方面"，并指出"宜积极适应趋势性变化，开展相关研究和立法工作，充分认识和合理评估互联网金融业发展的特点及潜在影响；明确监管部门，提高监管的针对性和有效性，引导互联网金融业健康发展；推进社会信用体系建设，加强对金融消费者的教育和保护，为金融体系创新以及金融支持实体经济发展创造良好的市场环境"。这是互联网金融第一次进入金融方面的权威文件。

2013 年 11 月 25 日，在银监会牵头的九部委处置非法集资部际联席会议上，中国人民银行条法司对"以开展 P2P 网络借贷业务为名实施非法集资行为"作了较为清晰的界定，认定非法集资主要包括资金池模式、不合格借款人导致的非法集资风险以及庞氏骗局三种情况。同时，也提出了风险警示：一是明确 P2P 网络借贷平台的业务经营红线。明确平台的中介性质，明确平台本身不得提供担保，不得归集资金搞资金池，不得非法吸收公众存款，更不能实施集资诈骗。二是应当建立平台资金第三方托管机制。目的在于对 P2P 网络借贷平台的资金使用行为进行有效监管，让其回归撮合的中介本质。三是 P2P 网络借贷平台应该加强信息披露和风险提示，出借人应当对利率畸高的"借款标"提高警惕。2014 年 4 月 21 日，处置非法集资部际联席会议再次介绍了 P2P 非法集资情况，并对 P2P 网络借贷平台监管提出了"四条红线"，包括明确平台的中介性、平台本身不得提供担保、不得搞资金池、不得非法吸收公众存款。

2014 年 8 月 26 日，中国小额信贷联盟正式对外发布《P2P 小额信贷信息咨询服务机构行业自律公约》及其实施细则，这是 P2P 平台的首部行业自律公约，对 P2P 机构服务出资人、借款人、行业管理要求、行业企业退出机制、行业从业人员等方面提出了相关自律要求。同时，相关细则对 P2P 服务机构的信息披露作出了详细规定。

2014 年 9 月 27 日，中国银监会创新监管部主任王岩岫在 2014 年中国互联网金融创新与发展论坛上首次明确了 P2P 十大监管原则：（1）P2P 监管要遵循 P2P 业务本质，所谓业务的本质就是项目要一一对应，中国的 P2P 不是经营资金的金融机构；（2）要落实实名制原则，投资人与融资人都要实名登记，资金流向要清楚，避免"洗钱"；（3）P2P 网贷机构是信息中介，是为双方小额借贷提供信息服务的机构；（4）P2P 应具备一定的行业门槛和资质要求；

（5）投资人的资金应进行第三方托管，同时尽可能引进正规的审计机制；
（6）P2P平台不得以自身为投资人提供担保，不得为借款本金或者收益作出承诺，不承担系统风险和流动性风险，不得从事贷款和受托投资业务，不得自保自融；（7）P2P机构应走可持续发展道路，不要盲目追求高利率的融资项目；
（8）P2P行业应该充分地进行信息披露，充分地提高信息披露的程度，揭示行业可预见性风险；（9）P2P机构应该推进行业规则的制定和落实，加强行业自律的作用；（10）P2P网贷平台必须坚持小额化，支持个人和小微企业的发展。

2014年11月26日，中国人民银行副行长潘功胜在中国支付清算与互联网金融论坛上表示，将按照"适度监管、分类监管、协同监管、创新监管"的原则，建立和完善互联网金融的监管框架。2015年1月20日，银监会宣布进行机构调整，新成立的普惠金融部将分管P2P网络信贷，虽然目前分管P2P的行政部门已经设立，但有关P2P监管的细则尚未出台。

在互联网证券方面，从2014年4月开始，证监会批准首批6家证券公司展开互联网证券业务试点，截至2014年底，共有35家证券公司获得互联网证券业务试点资格。通过搭建自主平台、与互联网企业合作等多种方式，证券公司的互联网证券业务将在2015年迎来蓬勃发展。目前，已有少数互联网企业涉足互联网证券业务，现仅停留在查询股票行情阶段，未来将进一步关联券商账户，最终实现交易功能。

2012年10月至2013年2月，国内发生美微传媒在淘宝卖股份事件，证监会将其定性为新型非法证券活动，要求退还通过淘宝网平台获得的转让款，但未给予相关惩处。2014年12月18日，证监会发布了《私募股权众筹融资管理办法（试行）（征求意见稿）》，标志着首个互联网金融官文正式落地。

2015年7月18日，中国人民银行等十部委联合下发了《关于促进互联网金融健康发展的指导意见》，可谓互联网金融行业的"基本法"。《关于促进互联网金融健康发展的指导意见》按照"鼓励创新、防范风险、趋利避害、健康发展"的总体要求，提出了一系列鼓励创新、支持互联网金融稳步发展的政策措施，积极鼓励互联网金融平台、产品和服务创新，鼓励从业机构相互合作，拓宽从业机构融资渠道，坚持简政放权和落实、完善财税政策，推动信用基础设施建设和配套服务体系建设。另外，还按照"依法监管、适度监管、分类监管、协同监管、创新监管"的原则，确立了互联网支付、网络借贷、股权众筹融资、互联网基金销售、互联网保险、互联网信托和互联网消费金融等互联网金融主要业态的监管职责分工，落实了监管责任，明确了业务边界。下一步，中国人民银行、工业和信息化部、公安部、财政部以及银监会、证监会、保监会等部门还将陆续颁布相关具体实施细则。

2. 地方政府出台的有关规范

互联网金融的热潮同样引来了地方政府的关注，2013年下半年以来，全国各个地方纷纷出台有关规范意见。在这一阶段，监管当局和地方政府出台的政策均对互联网金融持鼓励支持的态度，并加以规范引导。表6-4选取重点城市的重点政策进行梳理。

表6-4　　　　　　　　　重点城市有关互联网政策梳理表

地区	时间	出台政策/征求意见稿
北京市	2013年8月	《石景山区支持互联网金融产业发展办法（试行）》
	2013年10月	《海淀区关于促进互联网金融创新发展的意见》
	2013年12月	《关于支持中关村互联网金融产业发展的若干措施》
天津市	2014年2月	《天津开发区推进互联网金融产业发展行动方案（2014—2016年）》
深圳市	2014年3月	《深圳市人民政府关于支持互联网金融创新发展的指导意见》
广州市	2014年6月	《广州市支持互联网金融创新发展试行办法（征求意见稿）》
	2014年7月	《关于促进广州民间金融街互联网金融创新发展的若干意见》
	2015年1月	《广州市人民政府办公厅关于推进互联网金融产业发展的实施意见》
贵阳市	2014年6月	《关于支持贵阳市互联网金融产业发展的若干政策措施（试行）》
南京市	2014年7月	《关于加快互联网金融产业发展的实施办法》
武汉市	2014年8月	《武汉市政府关于支持互联网金融产业发展实施意见（征求意见稿）》
上海市	2014年8月	《关于促进上海市互联网金融产业健康发展的若干意见》
	2014年9月	《长宁区关于促进互联网金融产业发展的实施意见》
	2014年12月	《黄浦区关于进一步促进互联网金融发展的若干意见》
青岛市	2014年10月	《鼓励发展新型业态和商业模式若干政策措施》
成都市	2014年11月	《成都高新区推进"三次创业"加快金融业发展的若干政策》
湖北省	2014年12月	《关于规范发展民间融资机构的意见》
浙江省	2014年3月	《温州市民间融资管理条例》《温州市民间融资管理条例实施细则》
	2014年11月	《杭州市关于推进互联网金融创新发展的指导意见》
	2015年2月	《浙江省促进互联网金融持续健康发展暂行办法》

（1）支持、鼓励发展方面

总体看来，各地出台的有关规范内容主要集中于规定支持政策和保障措施以扶持互联网金融企业发展，大多涉及对符合条件的互联网企业给予落户或运营奖励、补贴；设立政府引导基金、互联网金融领域的专业投资基金；加强组织领导、沟通协调等保障措施，完善配套服务体系，如建立健全互联网金融人才培训机制与培养体系等。

（2）行为监管方面

在各地方积极鼓励互联网金融企业落户、发展的背景下，若未能及时有效地把控互联网金融风险并给予适当监管，就会事与愿违，不但不能促进地方金融发展，还会伤害金融消费者权益，对社会稳定造成一定损害。因此，各规范指引中除了鼓励、支持的政策措施以外，也或多或少地体现出行为监管的内容或思路。

各地出台的相关规范基本都提到要加强信用体系建设、完善信用评价机制等资产端监管措施，以及探索适应互联网金融特征的风险控制机制等对平台端的监管约束，但对平台端的具体监管措施大多并未详细说明。针对投资者端，大部分地区在规范指引等文件中提到要开展风险教育，进一步加强金融消费者权益保护。不同地区涉及行为监管的内容各有侧重，下面加以简要说明。

《关于支持中关村互联网金融产业发展的若干措施》提出"发挥行业协会的作用，推动行业自律和规范发展"，"鼓励互联网金融企业加强资金管理，建立信息披露机制和风险应急机制"。

《广州市人民政府办公厅关于推进互联网金融产业发展的实施意见》指出，"对投资者普及互联网金融知识和开展投资风险教育"，"引导互联网金融企业强化金融风险意识"，"强化信息披露"。

《关于支持贵阳市互联网金融产业发展的若干政策措施（试行）》中提到，"建立健全信息披露机制和风险应急机制，提升信息安全水平，维护消费者权益；加强投资者的风险教育，提升全社会对互联网金融的认知和风险防范意识，形成健康理性的互联网金融文化氛围"。

《关于促进上海市互联网金融产业健康发展的若干意见》中规定，"推动互联网金融企业开展客户资金存管（监管），做实各类准备金账户"，"加强投资者教育和金融消费者权益保护"。《黄浦区关于进一步促进互联网金融发展的若干意见》提到，"加快建立客户资金托管和风险备付金存管制度"，"探索引入大数据、会计、法律等协同管理机构，健全互联网金融统计监测制度"，并阐明"进一步保护金融消费者权益"的具体措施：积极开展投资者教育、引导企业严格信息披露制度、提倡企业共同出资参与设立"金融消费者专项保护基金"、探索建立互联网金融仲裁机构。

《杭州市关于推进互联网金融创新发展的指导意见》中明确了互联网金融机构和互联网金融企业的概念，规定了五类互联网金融企业：第三方支付机构、网络债权融资企业、网络股权融资企业、互联网金融门户、互联网金融后台，指出"推动互联网金融企业规范开展客户资金存管，按要求存放和使用备付金等客户资金"，"推行互联网金融企业信息报告和披露制度，按规定向投资者公开披露真实的资金流向和项目情况"。

《浙江省促进互联网金融持续健康发展暂行办法》首次明确了P2P应遵循的主要规则：不得从事贷款或受托投资业务，不得承担信用风险和流动性风险；不得非法吸收公众资金，不得接受、归集和管理投资者资金，不得建立资金池；自身不得为投资者提供担保，不得出具借款本金或收益的承诺保证；建立信息披露制度，不得故意隐瞒、虚构与投资者作出投资决策相关的必要信息。值得一提的是，在该办法中提出，P2P网络借贷平台原则上应将资金交由银行业金融机构进行第三方存管。各地出台的政策虽然支持力度不同，但基本保持宽松和包容的态度，在监管上也遵循"适度监管、分类监管、协同监管、创新监管"的原则。

（二）以行为监管为主的互联网金融监管思路

当前，互联网金融仍处于发育成长阶段，推动互联网金融这一新生事物健康发展，既要尊重市场选择，又要防范风险。因此，互联网金融监管工作总体上应本着积极支持和包容发展的监管概念，坚持鼓励创新和适度监管的原则，但必须加强投资者教育，坚决守住不发生系统性风险的底线。

1. 行为监管是互联网金融监管的最佳选择

互联网金融具有典型的跨市场、跨行业、无国界、不确定性等特征，涉及消费者尤其是草根消费者众多，产品类型多、创新快，时间和空间转化快；

而互联网金融模式下往往具有交易信息不对称、电子合同不平等、资金安全存隐患、个人隐私易泄露等风险，加强金融消费者权益保护的迫切性和必要性日益凸显。而目前，我国的金融监管框架依然是以机构监管为主，"谁家的孩子谁抱、谁生的孩子谁管"，但这种监管模式极度滞后于跨行业、跨区域互联网金融的发展。

此外，在监管过程中，防止行政权的滥用以及监管的缺位，必须突破权力主导和机构监管的传统思维，以金融消费者权益保障作为互联网金融立法与监管的基本宗旨与主要思路。在互联网金融时代，金融消费者权利是互联网金融创新的出发点和落脚点，金融监管者的主要任务是平衡互联网金融经营者和金融消费者的权利与义务。

2. 把握好行为监管与行为主体的关系

互联网金融监管需要处理好主体与行为监管之间的关系，即互联网金融模式下的监管对象是参与主体还是侧重于参与主体的行为。主体监管更多关注的是市场准入方面的监管，而行为监管则更多关注的是持续经营等方面的监管。

互联网金融的参与主体来自不同的领域，十分多元化，比如现有的金融机构、互联网公司，还有许许多多的创业公司及创业者。它们有些是持牌的，有些则没有牌照，只是以联盟、合作等方式间接参与互联网金融。与此同时，它们所从事的互联网金融业务也是非常多元化的，没有或者说还未形成固定、成熟的模式。因此，对这些主体加以监管，无论是监管的资源还是监管的有效性，都面临极大的挑战。

从主体监管转变为行为监管，可以促进市场参与主体的平等竞争，促使市场更加开放和有效。当然，以行为监管为主并不意味着完全放弃对参与主体的监管，从一定意义上说，两种监管之间往往也是密不可分的。

3. 持续加强金融消费者教育，增强维权意识

从当前互联网金融发展来看，最大的风险在于平台公司与金融消费者之间由于信息不对称引发的道德风险。在一方面加强督导平台自身建设的同时，可以说，互联网金融消费者主权意识的兴起将使互联网平台将主要精力集中在业务研发和正途创新，而不是想尽一切办法"忽悠"到用户资金，投向短平快的项目中攫取超额利润，这一切的前提就是对风险的忽视乃至漠视。因

此，持续加强金融消费者教育在一定意义上可以推动金融法律制度的重构和金融监管方式的变革。

（三）互联网金融监管的基本原则

我国互联网金融监管需要把握以下几个原则：

1. 互联网金融创新必须坚持金融服务实体经济的本质要求，合理把握创新的界限和力度

包括互联网金融在内的金融创新必须以市场为导向，以提高金融服务能力和效率、更好地服务实体经济为根本目的，不能脱离金融监管、脱离服务实体经济抽象地谈金融创新。互联网金融中的网络支付应始终坚持为电子商务发展服务和为社会提供小额、快捷、便民的小微支付服务的宗旨。

2. 互联网金融创新应服从宏观调控和金融稳定的总体要求

包括互联网金融在内的一切金融创新，均应有利于提高资源配置效率，有利于维护金融稳定，有利于稳步推进利率市场化改革，有利于中央银行对流动性的调控，避免因某种金融业务创新导致金融市场价格剧烈波动，增加实体经济融资成本，也不能因此影响银行体系流动性转化，进而降低银行体系对实体经济的信贷支持能力。

3. 要切实维护消费者的合法权益

互联网金融企业开办各项业务，应有充分的信息披露和风险揭示，任何机构不得以直接或间接的方式承诺收益，误导消费者。开办任何业务，均应对消费者权益保护作出详细的制度安排，业务全程资料要存档备查。

4. 要维护公平竞争的市场秩序

在市场经济条件下，公平竞争是保证市场对资源配置起决定性作用的必然要求。把线下金融业务搬到线上的，必须遵守线下现有的法律法规，必须遵守资本约束。不允许存在提前支取存款或提前终止服务而仍按原约定期限的利率计息或收费标准收费等不合理的合同条款。任何竞争者均应遵守《反不正当竞争法》的要求，不得利用任何方式诋毁其他竞争方。

5. 要处理好政府监管和自律管理的关系，充分发挥行业自律的作用

抓紧推进"中国互联网金融协会"的成立，充分发挥协会的自律管理作用，推动形成统一的行业服务标准和规则，引导互联网金融企业履行社会责任。互联网金融行业的大型机构在建立行业标准、服务实体经济、服务社会

公众等方面，应起到排头兵和模范引领作用。

6. 在监管规则和监管框架的设计上，坚持开放、包容的理念

冷静观察新的金融业态，要在明确底线的基础上，为行业发展预留一定空间。要在对互联网金融主要业态业务模式进行充分研究的基础上，准确把握法律关系和风险实质，在"放"和"管"之间把握好平衡，首先是"积极推动"，然后是"逐步规范"。

五、构建以行为监管为主体的互联网金融监管体系

（一）不断提升实时在线监管的技术水准

互联网平台是一个实时在线系统，可以按照实时在线的思路进行监管。

1. 定期和不定期实施留痕检查

互联网金融的业务流程主要集中在网上，从平台的运营到用户的信息和行为，从申请、撮合、交易到支付等所有环节，都是留有痕迹的、可追溯的，这为实时在线监管提供了现实可能。

2. 开展远程渗透性风险测评

实时动态地发现互联网金融机构平台存在的风险隐患，及时堵塞技术漏洞，有效防范网络和信息安全风险。

3. 加强对开展互联网金融业务金融机构的 IT 审计监管

制定金融机构互联网金融业务 IT 审计标准规范，推动金融机构通过 IT 审计实现自我约束、自我提高、自我防范。

4. 研究制定与在线监管相配套的制度体系

在准入和退出方面，建立网站备案与网络接入相衔接的监管制度，明确金融管理部门业务备案在先，互联网行业主管部门网站备案在后；在事中监测方面，建立对互联网金融企业日常经营行为包括交易主体、交易笔数、交易规模和资金流向等的监测制度；在案件查处方面，建立金融监管部门与互联网行业主管部门分工协作、联合执法的查处机制。

（二）完善信息披露制度，强化违规的惩戒效应

可先从信息披露和风险提示的角度入手，要求互联网金融公司加强信息披露和风险提示。在互联网时代，不怕有风险，就怕找不到风险源。大数据风控就是针对风险的独特设计。而做好信息披露是杜绝系统性风险的基础保

障。一方面，要实施从平台自身、到产品类别、再到具体项目的全方位、全视角信息披露；另一方面，要建立从投资者、到平台、到融资方资金流的全流程监管，将完善的信息披露制度作为互联网金融的最基础要求。在此基础上，形成监测预警机制，制定应急处理预案，严守不发生区域性和系统性金融风险的底线。

（三）切实加强投资者教育

要从监管部门、互联网平台企业两个层面切实加强投资者教育，提高互联网金融投资者的金融知识，明示风险，改变不良偏好，将风险有效控制在投资行为之前，最大限度地降风险。

（1）监管部门要通过定期开展活动、通过互联网渠道等多种方式增加投资者教育的频率，丰富教育内容。

（2）强化互联网金融企业在经营中进行信息披露和风险提示的义务，用普通消费者能够理解的语言加以表述，保证投资者知情权真实实现。明确约束互联网金融企业产品宣传的法律边界，严禁虚假宣传、过分夸大收益。

（3）互联网金融投资者自身应更加理性和团结，发挥网民自我服务和社会服务这个互联网的特质来维护自身的权益。

（四）强化风险补偿机制

1. 成立全国系统的风险补偿基金

由专司金融消费者权益保护的监管部门发起，互联网平台企业根据业务开展情况按照一定比例认领，随属自愿性质但监管部门将认领情况适时予以披露。基金借鉴中央银行存款保证金的管理方式管理，在发生风险时按照平台认领额度的一定比例（可高于认领额度）用以对投资者风险补偿，高出部分源于基金管理收益。这会在很大程度上强化消费者对互联网金融平台的信心。

2. 要求互联网金融企业内部成立风险补偿基金

中央部委层面或地方金融监管部门层面出台相关政策，要求互联网金融平台企业内部按照业务开展设立相应的风险补偿基金，该基金管理要运用到无风险投向，既不排斥合理利润，又要用于风险补偿。

专题 4：总理报告再提"健康发展"，盘点互联网金融监管大事记①

无论是你发出去的不到 200 块钱的"红包"，还是把闲钱放进去能一天赚个水果钱的"各种宝"，或是你考虑把钱投到 P2P 平台赚上一笔，互联网金融已经轰轰烈烈地来到了我们的身边，渗透到了我们的生活里。

2015 年全国"两会"上，李克强总理第二次在政府工作报告中提出要"促进互联网金融健康发展"。正出席"两会"的全国政协委员、中国人民银行副行长潘功胜也表示，关于规范互联网金融发展的指导文件会很快出台。在监管的靴子正式落地之前，让我们来盘点一下过去一年的时间里，让总理心念的互联网金融监管发生了哪些具有标志性意义的大事，对我们的生活又会产生哪些影响。

第一回合：余额宝引发的互联网金融存废之争终结，力挺派胜出，成为行业监管的起点。

被李克强总理形容为"异军突起"的互联网金融，在一年前，甚至还在纠结存废之争。2014 年全国"两会"前后，因为余额宝，全国范围内引发了一场关于鼓励还是取缔互联网金融的大讨论。

反对者认为，余额宝等互联网金融对发展实体经济没有任何意义，是趴在银行身上的"吸血鬼"。支持者也不少，中国人民银行行长周小川在2014 年全国"两会"上明确表示不会取缔余额宝等产品。这场争论的最终结果是力挺派胜出，而且互联网金融在 2014 年首度被写入政府工作报告。有了互联网金融的正当性，才有了互联网金融监管的起点，也让我们有了在传统银行之外的更多的理财途径。

第二回合：中央银行提出互联网金融五大监管原则，首度为互联网金融监管划定基调。

2014 年 4 月底，中国人民银行发布《中国金融稳定报告（2014）》，报

---

① 该部分内容引自新华网：http://news.xinhuanet.com/fortune/2015 - 03/08/c_ 1114562635. htm。

告提出中国互联网金融监管应遵循五大原则：坚持金融服务实体经济的本质要求，服从宏观调控和金融稳定的总体要求，切实维护消费者的合法权益，维护公平竞争的市场秩序，处理好政府监管和自律管理的关系，充分发挥行业自律的作用。

该报告也对互联网金融点赞，称其有助于发展普惠金融，有利于引导民间金融走向规范化等，让公众对互联网金融有了很多的信任和信心。

第三回合：互联网金融大佬表示"拥抱监管"，标志着行业就规范发展达成共识。

2014年5月，蚂蚁金服CEO彭蕾提出"稳妥创新、欢迎监管、激活金融、服务实体"的十六字方针。随后，众多有志于推动互联网金融行业发展的企业纷纷主动"求监管"。行业对规范发展共识的形成为监管的到来和整体的持续健康发展打下了基础。

第四回合：私募股权众筹意见稿出台，首个互联网金融官方文件落地，监管制度建设正式开始。

2014年12月18日，中国证券业协会发布了《私募股权众筹融资管理办法（试行）（征求意见稿）》，在股权众筹与非法集资之间划定了一条边界，股权众筹模式被纳入正规军。文件对股权众筹融资的性质、投资者、融资者、投资者保护、自律管理等内容进行了规定。

这一文件的出台，标志着政府在大的监管方向和互联网金融制度建设层面首度进行了有益的尝试。

第五回合：银监会架构调整，设立普惠金融部，互联网金融监管组织层面上的建设启航。

2015年1月末，银监会进行了成立近12年来的首次组织架构改革，其中，新成立的普惠金融部广受关注，因为首次明确了P2P行业监管工作将由此部门来执行。对互联网金融行业来说，这意味着监管正因时而变，在组织建设上跟上互联网金融的创新步伐。

第六回合："两会"再提互联网金融，科学监管成热点，标志着监管将进入新阶段。

在北京召开的全国"两会"上，互联网金融的监管再度成为热词，民建中央、致公党中央等纷纷就此建言献策，甚至有人士认为 2015 年将成为互联网金融监管的元年。全国政协委员、中央财经大学金融学院教授贺强的观点颇有代表性，他认为，互联网金融的监管应该摒弃"一刀切"的思路，实行分级监管。金融机构自身的风险控制能力以及风险承受能力也应当作为监管幅度调整的重要参考，进而避免过于从风险控制角度追求"抓大放小"，忽视了从行业发展角度"扶优限劣"的作用。

专题 5：互联网金融的非法集资风险与行为监管①

根据我国现行法律，"非法集资"并不是一个刑法上的具体罪名，它是"非法吸收公众存款罪"、"集资诈骗罪"、"非法经营罪"、"擅自发行股票、公司或企业债券罪"以及"欺诈发行股票、债券罪"五个罪名的统称。

2010 年最高人民法院颁布的《最高人民法院关于审理非法集资刑事案件具体应用法律若干问题的解释》明确界定了"非法吸收公众存款罪"的构成要件，即只有"违反国家金融管理法规"，具备"未经有关部门依法批准"、"向社会不特定对象吸收资金"、"承诺还本付息"和"公开宣传"这四个条件，达到定罪量刑的标准，才能构成犯罪。即非法吸收公众存款罪的成立要满足四性：一是非法性，即未经有关部门依法批准或者借用合法经营的形式吸收资金；二是广延性，即向社会不特定对象吸收资金；三是利益性，即承诺在一定期限内以货币、实物、股权等方式还本付息或者给付回报；四是公开性，即通过媒体、推介会、传单、手机短信等途径向社会公开宣传。

P2P 网贷平台一旦通过网站平台进行宣传推介向社会公众融资，用于公司持续经营，且承诺收益回报，即满足四性要求，存在非法吸收公众存款的风险。2013 年 11 月，中国人民银行召开"防范打击非法集资法律政策宣传座谈会"，会议期间，中国人民银行条法司对"以开展 P2P 网络借贷业务为名实施非法集资行为"作了较为清晰的界定，其认为理财—资金池模

---

① 本专题内容主要引自未央网专栏文章：商建刚：《非法吸收公众存款罪与互联网金融之辨析》，http://www.weiyangx.com/125826.html，由笔者在其基础上加以节选、补充。

式涉嫌非法吸收公众存款，不合格借款人将导致非法集资风险，而庞氏骗局则涉嫌非法吸收公众存款和集资诈骗。

然而，非法吸收公众存款罪的客体是国家金融管理秩序，刑法规定非法吸收公众存款罪的目的就是保护国家金融管理秩序，防止任何人侵害国家法益，从而给社会带来莫大危害。然而，随着我国市场化改革的加快推进和不断深入，利率市场化已经成为未来我国市场化改革的一大趋势。一旦利率实现市场化，那么我国现行的利率管制制度将会废除，从而导致我国目前的金融管理秩序发生根本性变革，那么非法吸收公众存款罪的客体也将随之产生重大变化，刑法所规定的非法吸收公众存款罪也将进行调整。也就是说，利率市场化的推进会导致我国目前刑法的变动，就如同 20 世纪末的"流氓罪"随着时代的变革而消亡的情景一样。

利率管制的放开意味着以金融消费者权益为出发点的行为监管将在金融监管体系中扮演更为重要的角色，判断一类吸收公众存款的行为是否违法应以对消费者的权益是否构成侵害为依据。行为监管包括对主体的监管和对资金流的监管，前者规范金融市场主体的行为以防止对金融消费者权益的侵害，后者通过对资金使用状况的考量和约束降低发生风险的可能性，客观上保护了金融消费者权益。

综上所述，吸收公众存款的行为是一种中性行为，法律应当在一定条件下将其合法化，而对于非法吸收公众存款的行为，则应严厉打击。

第五节　证券业行为监管

20 世纪 90 年代初，我国的证券市场体系初步建立，在随后几十年的发展过程中，虽然市场交易品种的类别不断丰富，参与者的数量不断增加，相关法律法规不断完善，但监管漏洞导致的各种违规现象乃至犯罪案件仍屡见不鲜。这不仅加剧了整个证券行业的市场风险，给投资者带来极大的损失，而且会扰乱整个市场秩序，阻碍证券市场的健康发展。

从整体上说，对证券市场的审慎监管主要关注的是微观主体是否稳健运行（公司治理、风险管控、资本充足率和流动性等方面是否符合稳健经营的要求）以及整个行业发展是否稳定；行为监管侧重于从维护整个证券市场有序竞争的全局出发，监管证券市场参与主体的具体业务行为问题及其对市场的影响，它强调的是对市场的主动干预。信息不对称问题是一直横亘于证券市场交易中的难解之题，而行为监管正是强调对信息透明度的监管，保持市场的公正和透明，增强金融消费者的信心。行为监管不仅推动风险监管关口的前移，而且体现了功能监管中跨产品、跨机构和跨市场监管的协调性，同时深化了审慎监管的层次。

一、证券市场主要交易主体的行为特点

证券市场是股票、债券、投资基金等有价证券发行和交易的场所，根据有价证券的品种构成，可主要划分为股票市场、债券市场、基金市场、衍生产品市场等，证券市场参与者包括证券发行人、证券投资人、证券市场中介机构、自律性组织和证券监管机构[①]，其中利益博弈最为明显的则是证券市场上融资主体、以证券公司为代表的中介机构与证券投资人。

我国的证券投资人中，个人投资者占绝对多数，而其中绝大多数又是处于弱势地位的、不具有专业知识的个人投资者。中登公司发布的数据显示，截至2014年3月21日，有效 A 股账户总数为 13378.81 万户，其中普通散户股民占据投资者总数的一半以上，他们不仅在数量上占据绝对多数，而且在交易量和交易活跃度上也占主要地位。因此，对这些弱势投资者的保护事关证券市场的稳定和发展，这也是最近一轮金融危机后的理论热点问题和重要经验汇总。

和普通的消费者相比，证券市场上的弱势投资者在作出决策时更容易出现偏差，进而使得证券公司等金融机构产生了利用投资者的决策偏差谋利的动机，这时如果缺乏有力的行为监管机制，就会造成证券市场的恶性竞争。

（一）个人投资者在证券市场上的决策容易出现偏差

第一，相比于一般产品，证券市场上的股票行情分析、债券收益率的评估以及基金管理人的筛选等都具有抽象、难懂和价格结构复杂等特征。面对这些复杂的金融产品，不具备专业知识的个人投资者往往认知水平有限，而

---

① 中国证券业协会编：《证券市场基础知识》，3 页、5 页、7－17 页，北京，中国财政经济出版社，2011。

且缺乏精力和动力去仔细评估判断，在简化决策的过程中很容易产生偏差。第二，证券投资等需要在现期与未来之间作出权衡，但当涉及到对不确定性的分析时，往往会偏好于现期，而且缺少历史经验的支撑，个人投资者的焦急和害怕损失等情绪都可能引致作出不当的投资决策。

（二）机构具有利用个人投资者的行为偏差谋利的动机

一般情况下，机构不仅缺乏帮助个人投资者纠正行为偏差的动力，而且往往在金融产品设计和销售过程中有意无意地误导恶化了个人投资者行为偏差，进而导致个人投资者利益受损而金融机构获得短期超额利益。例如，一般投资者在某证券公司开户时会有一个确定的手续费标准，此后他对产品术语和特征的改变不太敏感，证券公司就可能擅自调节手续费标准而影响个人投资者的收益。

（三）个人投资者行为偏差导致市场恶性竞争

个人投资者行为偏差的存在可以影响金融机构竞争的方式和竞争的有效性，金融机构在提供金融产品时，往往会充分利用个人投资者的行为偏差来设计产品吸引投资者，展开竞争，但这与个人投资者的长期利益并不吻合。在这种情况下，即使金融机构可以维持长期盈利，但市场的竞争态势是不健康的、非有效的，个人投资者的福利也难以得到提升。个人投资者一般比较依赖于自己的现有选择，不能根据金融产品特征的变化而寻找替代产品。例如，一旦在某证券公司开户就不想再更换。证券公司就可以利用这些行为偏差效应，降低服务质量或收取更高的费用，而不用担心在竞争中失去客户。

二、我国证券市场行为监管存在的问题

我国现有对金融机构的行为监管，对金融消费者的权益保护是建立在传统的"一行三会"的纵向监管权限划分基础上的。顺应金融危机后对金融消费者权益保护的加强以及对金融机构行为监管概念的提出，"一行三会"均已各自增设新的消费者保护部门。中国证监会于2011年底成立投资者保护局。

2013年，《中国人民银行金融消费权益保护工作管理办法（试行）》颁布施行，同年，在新修订的《证券投资基金法》第九章中，针对基金投资者的权益保护问题，详细规定了基金份额持有人的权利，特别指明了知情权和通过诉讼保障权利的机制，基金持有人大会不得就未经公告的事项进行表决，

防止基金管理人随意增加"临时议案"搞突袭，投资者可亲自出席，可以通信方式表达意见，也可以委托方式行权，降低投资者维权成本。

总体上说，近些年虽然我国金融监管水平不断提高，但对证券市场的行为监管模式还比较滞后，对投资者的权益保护还存在诸多缺陷。

（一）法律建设体系仍有待进一步完善

目前针对证券市场投资者权益保护的立法主要散见于《证券法》《证券投资基金法》等不同领域的法律及相关的部门规章和规范性文件中。由于金融消费者的特殊性，针对一般性消费者保护的立法如《消费者权益保护法》《价格法》《反垄断法》等并不完全适合对金融消费者的权益维护。虽然 2014 年 3 月 15 日在我国最新修订的《消费者权益保护法》中，首次明确规定了金融证券服务机构对消费者应承担的一些义务，但是鉴于金融服务的特殊性以及配套制度的缺失，如何将其有效地应用于实践仍有很大的研究空间。《证券法》对证券交易活动中存在的欺诈、内幕交易及操纵证券市场的行为都作出了禁止性规定，同时还规定了较为严格的持续信息披露义务，着重保障消费者的知情权；规定禁止利用内幕信息进行交易和操纵市场等其他损害投资者财产权益的行为，着重保证消费者的财产权。

随着我国多层次资本市场的发展，中小板、创业板、新三板陆续推出，这些新型市场的出现也对法律体系建设提出了新的要求。以新三板市场为例，已经相继出现了 1 分股票成交、当天涨幅超 100 倍等离奇事件，甚至还出现最高当日涨幅超过 800 倍的"妖股"。无论从哪个角度看，这些市场行为也不能完全反映市场价值。这些行为不能简单地理解为"投机"交易，可能是在现有法律法规尚不能直接约束的空白地带进行的"套利"交易或利益输送安排。这些都需要引起监管部门的高度关注，也说明进一步完善法律法规建设的紧迫性和重要性。

（二）对交叉性金融产品的监管真空

虽然从总体上说，我国金融市场目前仍然处于产品结构简单、金融衍生品供给有限、杠杆使用条件严苛的早期发展阶段，但伴随金融业综合经营的发展趋势，不同金融业务之间的界限越发模糊，交叉性金融产品迅速发展。例如，基金管理公司特定客户的资产管理业务、证券公司的集合理财计划以及信托公司的集合资金信托计划等为投资者提供了更多可供选择的交叉性金融产品。对于这一类金融产品，以及由不同机构设计的性质相似的金融产品，由于监管权限的交叉，很可能出现适用完全不同甚至相互冲突的规章制度的情况。由于这些规章制度的制定部门不同，金融产品的设计机构难以有效协调，出现金融监管的冲突，而去除分业监管各部门的业务基础，又必然导致金融监管的空白。最终很可能出现这样一种局面：当进入金融许可审批的环节时，会出现权力设置的重复乃至行政资源的浪费；而当进入责任追究的环节时，又会出现金融监管的空白和问题处置的真空领域。

以投资理财服务为例，目前活跃在证券市场上的诸如投资咨询公司、"阳光私募"等从事委托理财业务的民间机构和个人，它们从事着"准金融机构"的业务，却不受任何金融监管机构的监管。就其存在的合法性而言，最高人民法院的倾向性意见认为，在原则上，凡是依法具有独立民事主体资格的法人和自然人都可以作为委托人签订委托理财合同。但是现有的金融监管体系对这些机构和个人的监管权限有盲区，投资者购买的金融产品实际上游离于金融监管之外，自然难以得到有效保护。而一旦这些产品运作失败，会直接损害投资者的利益，打击他们对市场的信心，更甚的是，如果这些产品的交易规模足够大，有可能引发投资者的恐慌情绪和"羊群效应"，最终影响金融稳定。

（三）金融机构自身信用观念淡薄

当前对个人投资者利益保护的主要挑战是以信用经营为主业的金融机构自身信用观念淡薄，对金融产品的风险信息披露不充分，误导公众的情况时有发生。个人投资者一旦受损进入理赔环节，不仅程序繁琐，而且纠纷处理规则不完善，某些金融机构失去最基本的诚信契约精神。例如，上市公司侵犯投资者利益的情况屡见不鲜，对个人投资者介绍新业务时缺乏充分简洁的风险提示。现在对于金融机构行为监管的欠缺，使金融机构有潜在的在法律边界附近谋取不当利益的动机，经营风险不断积聚，为良好的金融秩序的构建设置了潜在的障碍。

三、我国证券市场行为监管制度优化的思路

伴随我国证券市场范围的不断扩大，创新型、交叉性金融产品的不断涌现，金融交易关系越发复杂，证券市场投资者数量不断增大。这些参与证券市场交易的主体，很多面临着参与动机盲目、金融知识和信息匮乏的局面，

这使本就信息不对称现象十分严重的证券市场的交易风险被迅速放大。参考国际历史经验，现代金融市场秩序的稳健要求必须要加强对金融机构的行为监管，从而切实保护投资者的合法权益。

（一）提高金融机构强制性信息披露要求的质量

证券市场交易在很大程度上是一种信息的交换，作为投资者来说，有权利了解所购买的金融商品的真实信息。而由于投资者在证券市场上的相对弱势地位，其获得信息的能力是十分有限的，所以对金融机构的强制性信息披露制度就是一种十分必要的监管手段，也是政府对金融市场进行干预的有效手段。相比其他金融子市场，证券市场的强制性信息披露制度是比较完善的，但制定这些规则的出发点是基于监管者的要求。如果从投资者的角度来说，仅仅准确、公开、及时且真实地披露信息是远远不够的，必须提高金融机构强制性信息披露要求的质量。

首先，提高信息披露的针对性，对需要投资者重点关注的事项要突出标记。例如，针对期货交易的高风险性，其交易行为可能导致的高损失就属于应当特别说明的重要事项，在书面交付的合同中要通过加大字号等方式突出说明。其次，保证投资者信息的可获得性，这除了包括空间上的书面交付之外，贯穿合约签订前后的重要文书都要按时交付。例如，在股票市场中，缔约前的招股说明书、缔约过程中的持续性信息披露以及缔约后的文件交付、如何解约，对某些重要信息的标注也要详细揭示。最后，增强信息披露的可理解性，金融机构经营者要尽可能站在投资者的角度，以更有利于投资者理解的语言和方法来说明信息。

（二）加大金融监管的范围和力度

现有的金融监管体系主要针对的是有金融职业执照的，即正规金融的活动领域，而国内现在出现了越来越多的民间金融活动，在明确界定了政府与市场的边界之后，应尽快将那些正常的投融资需求活动纳入正规金融的范畴，赋予其合法地位。在监管的范围上，凡是涉及到众多中小投资者的利益时要加以严格监管，涉及到有风险承受能力的大型投资者的利益时要加以适度监管。例如，对于非法集资活动来说，如果将其纳入正规的金融监管体系之内，对它施行强制性信息披露、强制性产品登记和强制性资金托管的监管制度，它的风险就会从源头上得到有效遏制。

另外，证券市场发展本身很可能会给一些掌握信息的人钻法律空子的机会，但证券市场的发展不能以放任欺诈为代价，绝不能放松对这些人的管控，同时对金融机构的违法违规活动要加大惩戒的力度。例如，针对基金经理的老鼠仓行为，原来的隔靴搔痒式的惩罚很难形成具有足够威慑力的影响，即使对违法的基金经理施以刑罚，也不影响他们在经过短暂的牢狱生活后重回私募行业。因此，要加强对老鼠仓行为的惩戒力度，不仅基金经理要受到处罚，基金公司的相关高管和责任人也要一并严厉处罚，让基金公司切身感受到老鼠仓惩处之痛，从而形成有效的威慑力。

（三）规范金融机构营销活动的行为规则

证券市场上的经营者在推介金融商品时必须尽力满足投资者的信息需求，在宣传金融商品时要采取投资者易于理解的方式，避免使用晦涩的语言，将金融商品和服务的真实情况表述清楚，并主动说明会影响投资者价值判断的相关信息。对于重要事项要事无巨细地告知，非重要事项要有选择地忽略，如对于合同中涉及的冷静期制度、撤销权制度等专业条款要让投资者及时了解并深刻理解。

另一方面，伴随日益激烈的金融商品竞争态势，证券市场上的经营者为了让自身的金融商品"脱颖而出"，不可避免地会作出某些诱导投资者的行为，以引起投资者的注意力。在"诱导"投资者的过程中，要注意遵循适合性原则，即证券市场经营者要对潜在投资者的财力水平、专业知识和风险承受度等基本情况进行摸底，进而向其推荐符合其投资需求的金融商品。要大力杜绝证券市场经营者在金融商品营销过程中对投资者的有意误导、编造虚假信息和使用其他非正常手段，一旦由此给投资者造成损失，全部损失应由经营者承担。对金融从业人员来说，必须慎重思考"诱导"行为的合理程度问题，监管者应就此出台相应的指导性文件。

（四）构建交叉性金融业务的协调监管机制

首先，从保护投资者利益的角度出发，对各类金融机构提供的交叉性金融业务进行重新分类，可分为金融机构之间交易的金融产品、只为金融机构消费的交叉性金融工具和面向投资者的交叉性金融工具，从而建立一套系统的交叉性金融业务分类体系。然后，以此为基础构建各独立监管机构对交叉性金融业务的统一分类和统计标准，这样"一行三会"就可以决定共享和交流哪些统计数据和监管报告；以此为基础构建各独立监管机构对交叉性金融业务投资者投诉的分类体系，这样既可以使投资者"投诉有门"，又可以避免出现金融监管的重叠和空白，同时可以为监管机构从被监管对象和投资者两方面掌握交叉性金融业务的风险状况和发展水平提供数据支撑。一个协调有效的监管体系是交叉性金融业务发展的必要条件，更是推动金融创新、维持金融秩序稳定性的基石。

专题6：资产管理业务的交叉与行为监管

本专题把所有受托货币金融资产管理业务统称为资产管理业务。在我国分业监管的格局下，资产管理业务也被分置到不同监管部门下由不同金融机构分别开展，由于监管部门不同，其资产管理业务略有不同。从立法的角度看，国家法律层面只对信托和公募基金进行了立法规范，其他机构的业务资格都是由其所属的监管部门准入的，因此是典型的审慎监管。由于资产管理业务与其他业务存在业务关联，且从信息披露的要求及执行效果看，公募基金的要求最高且执行得最严格，因此行为监管难度较大，相关业务机构不断通过资产管理业务的开展规避监管要求。实践中，资产管理机构常常通过资产管理行为在不同机构之间的交叉进行不同市场间的套利，或者通过借道规避监管部门的业务监管。本专题以银信合作模式中的行为监管失效与强化为例，试对资产管理行为的交叉与监管的主要模式进行分析。

银信合作模式是较早对金融监管构成挑战的业务模式之一。其发展背景既有监管约束形成的业务需要，又有分业经营和鼓励创新的金融政策支持，更有信托投资公司经过清理整顿后面临业务拓展的现实需要。

一、业务背景

（一）信托业浴火重生，急需拓展业务

监管层曾六次整顿信托业，2007年3月1日，信托两新规——《信托公司管理办法》、《信托公司集合资金信托计划管理办法》正式实施，信托业第六次整顿正式拉开帷幕。重点是对信托业实施分类监管，信托公司或立即更换金融牌照，或进入过渡期。整顿完毕后，各信托公司面临大发展的现时需要，但按照新修订的《信托公司管理办法》和《信托公司集合资金信托计划管理办法》，信托公司的行为监管主要是禁止性和规定性要求，信托公司一时难以找到适应新规的业务模式，与实力强大的商业银行合作似乎成为必然。从实践看，创新金融品种推陈出新，推动信息、网络、客户、技术包括功能等资源交换和共享，银信合作确实成为信托业务发展和银行业争取高端客户、发展延伸业务的互利平台。

（二）商业银行贷款行为受限，需要借道

从 2006 年开始，人民银行为防止投资过热，开始采取措施控制商业银行贷款行为。商业银行在经济高增长过程中积累了极大的资金量和丰富的客户资源，但资金运用却受到限制，运用渠道较窄，另一方面，信托业的资金运用较为灵活，但筹资渠道受到限制。商业银行为规避监管，开始借道信托公司。

二、合作模式与行为监管失效

银信合作模式有很多，一般操作是这样的：由银行作为发起端，通过销售理财产品集合资金，由商业银行作为单一委托人将资金信托给信托公司，向目标公司发放贷款。这些公司基本都是银行的长期稳定客户，资产质量较好，且大部分占用银行的授信额度，信托公司发放贷款的标准是由商业银行按照自己的审贷标准进行审核的，因此，在此业务中，信托公司只是充当了通道的作用，帮助银行实现了贷款的目标，最终的风险自然也由商业银行承担。人民银行贷款监管的目标也随之失效。这个模式在很多人看来，是两个符合监管要求的业务行为通过共同作用破坏了监管目标。事实是这样的吗？如果我们仔细分析就会发现，审慎监管原则下的监管规则虽然也有很多行为监管要求，但监管重点放在了准入上、放在了审批许可上，致使行为监管的规定往往宽泛而在实践中得不到切实的遵守，这样监管部门就不得不出台补充规定，或以更加严格的准入和审批许可代替行为监管，这样导致的结果就是监管规则在一次次地破坏中修补。

先看信托公司的相关行为监管要求，《信托公司管理办法》第二十四条规定："信托公司管理运用或者处分信托财产，必须恪尽职守，履行诚实、信用、谨慎、有效管理的义务，维护受益人的最大利益。"而在银信合作模式中，信托公司的一贯做法却不是这样。在形式上按照相关监管要求制作文件，在实际上却直接采信商业银行的尽职调查结果（以后的通道业务都是如此），显然有违"恪尽职守"的行为监管要求；对于信托产品的投资标的，一般只会介绍实际贷款人的经营情况和信用条件，而对于贷款人和商业银行之间的长期客户关系却只字不提，显然有违"履行诚实、信用、谨慎、有效管理的义务"的行为监管要求；不管实际贷款收益如何，对银行理财产品的委托人的收益却不做任何争取和保护，一般都是无条件地接受商业银行根据自身收益要求倒推出的理财收益率，显然有违"维护受益人的最大利益"的行为监管要求。第二十六条规定："信托公司应当亲自处理信托事务。信托文件另有约定或有不得已事由时，可委托他人代为处理，但信托公司应尽足够的监督义务，并对他人处理信托事务的行为承担责任。"而信托公司在银信合作业务以及其他所谓"通道"业务中，都没有做到真正的"亲自处理信托事务"，而是使用了"信托文件另有约定"的方式，"委托他人代为处理"，这种另有约定，显然违背了信托的精神，是对信托义务的逃避。更为难解的是，整个《信托公司管理办法》中，无论是第五章"监督管理"还是第六章"罚则"都没有对信托公司违背第四章"经营规则"（第二十四条至第四十二条）提出明确的监管办法和惩罚措施，使得行为监管在实践中落空。

再看银行理财业务的行为监管要求。《商业银行个人理财业务风险管理指引》第九条规定："商业银行应当将银行资产与客户资产分开管理，明确相关部门及其工作人员在管理、调整客户资产方面的授权。"虽然提出了银行资产与客户资产分开管理的要求，但没有就同一商业银行理财产品直接或变相购买自己资产的行为进行规范，如果购买了自己的资产，分开管理又有什么意义呢？第四十七条规定："商业银行应清楚划分相关业务运作部门的职责，采取充分的隔离措施，避免利益冲突可能给客户造成的损害。理财计划风险分析部门、研究部门应当与理财计划的销售部门、交易部门分开，保证有关风险评估分析、市场研究等的客观性。"

而在银信合作模式中，所销售的理财产品用于购买的信托产品又反向投资于同一银行的资产，这一模式下存在商业银行与客户利益冲突的可能性最大，一是风险转移，也就是将劣质资产出售给客户的可能性；二是收益转移，也就是将高收益截留一部分，而给予客户较低收益。从实践看，第二种情况普遍存在，或者说是银行开展此类银信合作业务的主要目的。这种明目张胆地违反监管的行为竟然成为常态持续多年，而银监会随后接连发出的行为规范文件竟然也收效甚微，可见行为监管是多么乏力！

由于监管部门重视准入监管、资格监管，而对行为监管却长期缺乏足够的操作手段和处罚措施，始终停留在书面材料的符合性检查，才让银信合作这种形式上合规、实质上违背监管意图的业务模式大行其道。根据公开信息统计的数据显示，2008 年银信合作理财产品全年度发行总数超过 3200 款，总体发行规模超过 8000 亿元。而 2007 年商业银行和信托公司共发行银信合作理财产品 582 只。与 2007 年相比，2008 年的银信合作业务规模快速增长，信贷类（信托贷款与信贷资产受让）和票据资产投资类产品占比上升明显，证券投资类理财产品大幅下滑。于是监管部门不得不针对银信合作出台专门的文件。

据不完全统计，2008 年至 2011 年，银监会针对银信合作共发布了指引或通知等各类文件超过 10 份，重点对银信合作的行为规范提出要求，而这些要求基本上都在已经发布的法规或部门规章中明确规定，只是针对银信合作业务特别提出，可以理解为资格监管基础上的行为监管，但本质上不能认定为行为监管，而只能视为资格监管的组成部分。

《银行与信托公司业务合作指引》（银监发〔2008〕83 号）第七条关于银信理财合作的要求特别提出"信托公司应当勤勉尽责独立处理信托事务，银行不得干预信托公司的管理行为"，就是针对当时普遍存在的信托公司在银信合作中的通道化现实；第十一条提出"信托公司应自己履行管理职责。出现信托文件约定的特殊事由需要将部分信托事务委托他人代为处理的，信托公司应当于事前十个工作日告知银行并向监管部门报告；应自行向他人支付代理费用，对他人代为处分的行为承担责任"，明显针对信托公司由于资金和项目均来源于同一商业银行而不得不将信托事务委托给理财产品发售方商业银行的情形；第十二条"信托公司开展银信理财合作，可以将理财资金进行组合运用，组合运用应事先明确运用范围和投资策略"，明显针对信托公司对接受理财财产信托时对投资标的没有选择权的情形；第二十六条"银行不得为银信理财合作涉及的信托产品及该信托产品项下财产运用对象等提供任何形式担保"的规定、第二十七条"信托公司投资于银行所持的信贷资产、票据资产等资产的，应当采取买断方式，且银行不得以任何形式回购"是针对银信合作模式中由银行在实质上承担理财风险的情形。

为管理和规范银信合作，银监会分别在 2008 年底和 2009 年底两次下发专门通知，要求排查和报告相关风险，重点直指投资于理财产品发行银行自身的信贷资产或票据资产、政府项目和房地产项目，强调信托公司在银信合作中的自主管理原则，要求信托公司作为受托人不得将尽职调查职责委托给其他机构，真实持有信托资产，不反向投资于理财发售商业银行的资产。

但上述指引和通知并不是严格意义上的行为监管，更像是行为指引，因此约束力有限。2009 年，信贷类银信合作产品占整体银信合作产品发行数量的 70%—80%。进入 2010 年后，受一系列收紧银信合作政策的影响，信贷类银信合作产品尽管发行有所下降，但占比仍然达到 50% 以上。截至 2010 年 6 月底，银信合作理财产品规模已突破 2 万亿元人民币，多以信托贷款和信贷资产投资类业务为主，这在事实上严重背离了中央银行对信贷规模和信贷方向的调控意图，说明银信合作业务的行为监管对金融机构的行为监管是失效的。

2010 年 8 月上旬，银监会不得不对银信合作实施更加严厉的监管措施，下发了《关于规范银信理财合作业务有关事项的通知》（银监发〔2010〕72 号）。虽然仍然是一纸通知，但这一通知却在当时被解读为叫停银信合作业务模式。事实上，早在 7 月初就网传中国银监会通过各地银监局电话通知全中国 70 余家信托公司，叫停商业银行人民币理财对接信托产品的业务，这是由于过去行为监管体系不健全导致行为监管失效的一个例证。72 号文被称为叫停银信合作的文件，这份行政色彩浓厚的文件不得不完全抛弃行为监管的做法而直接采取标准监管，即行为监管失效后的许可监管。主要表现在以下方面：

1. 72号文不仅再次定义了银信理财合作业务，而且定义了融资类银信理财合作业务和投资类银信理财合作业务。"融资类银信理财合作业务包括但不限于信托贷款、受让信贷或票据资产、附加回购或回购选择权的投资、股票质押融资等类资产证券化业务"，且"业务余额占银信理财合作业务余额的比例不得高于30%"，相对应的信托产品"不得设计为开放式"，而当时大部分商业银行余额达70%—80%，所以这一要求被解读为叫停条款之一；投资类银信理财合作业务，其资金原则上不得投资于非上市公司股权，而当时投资于上市公司股权或债权的产品占比不到10%，一般以"名股实债"方式投资于非上市公司股权，这一要求被解读为另一叫停条款。

2. 对已经发生的银信理财合作业务，要求将表外资产在两年内转入表内，并按照150%的拨备覆盖率要求计提拨备，同时大型银行应按照11.5%、中小银行按照10%的资本充足率要求计提资本；对设计为开放式的银行理财产品和信托公司信托产品全面叫停。此后又在2011年两次下发通知对转表范围、进度、风险计提方式进行明确。

专题7：伪创新与叫停式监管

由于长期的资格监管导致金融业准入难，金融资源高度垄断在金融机构，金融机构对资金的供给及其定价具有高度话语权，扩大规模就是提高收益。银信合作被银监会以近乎行政命令的方式叫停后，并没有管束住商业银行扩大业务规模的冲动，商业银行又进行了层出不穷的"伪创新"来应对监管约束。有意义的金融创新应当是因竞争而起，通常能够导致金融功能执行方式的改进，然而以应对监管为动力的创新在实践中却是对监管目标的破坏与干扰，进而影响宏观经济调控的质量。本专题内容正是从这个角度出发，称这种应对监管的金融创新为"伪创新"。这些所谓的创新不断挑战传统监管模式，在审慎监管总体框架下监管部门不得不连续出台补丁文件，这些文件有交叉重叠也有空隙甚至不一致，使得监管机构疲于应对，甚至最终不得不运用与市场经济不相协调的行政手段去干预。下面以"委托债权投资计划"产品为例进行说明。

委托债权计划以银信合作被叫停为契机,其方式是,企业委托银行做成债权投资产品在金融资产交易所挂牌交易,银行则向社会发行理财产品筹集资金,用来投资该笔挂牌债权,达到间接为企业客户融资的目的。北京金融资产交易所作为首家非金融机构最先设计并参与这项业务,2012年当年交易额为5873.58亿元,远超2012年A股IPO募资总额(1017.93亿元)。该业务是银行通过理财产品规避贷款额度不足的延续,通过两个主要合约构建业务关系,一个是理财客户与银行的理财中心之间的理财产品合约,另一个是融资企业与银行信贷部门之间的委托贷款协议,委托贷款项下的资金需求在交易所挂牌,再由理财中心来购买,从而在同一商业银行内部就实现了规避监管的目的,比银信合作涉及的监管问题更少、运作成本更低,其规避监管的手法也更加直白。不过银监会仍然不是从商业银行金融行为的实质违规去监管,而是习惯于叫停式办法,2013年10月17日,银监会下发《关于提请关注近期清理整顿交易场所各类风险的函》,指出:"截至目前,银监会未批准任何一家金融资产交易所从事信贷资产(债权)交易业务,商业银行在此类交易所开展委托债权交易和信贷资产转让业务均属违规行为。"

事实上,银信合作被叫停后,以"伪创新"的形式继续进行放贷业务的形式多种多样,也有更多的金融机构被通道化,如银证合作、银基合作、银保合作、银证保合作等,除以同业方式外,以资产管理方式进行伪创新是到目前为止仍然在不断上演的创新与监管博弈大戏。有人将上述监管难题归因于分业监管,其实根本问题就是行为监管不够,以主体监管为核心的审慎监管长期不重视行为监管,导致对集体违规行为不能从根本上解决。

金融资产管理的业务内涵非常丰富,因此从事该项业务的机构也较多,除银监会监管的银行、信托和资产管理公司,保监会监管的保险资产管理公司,证监会监管的基金管理公司、证券公司和期货公司外,近来证券公司和公募基金管理公司又纷纷设立资管子公司,正在被纳入监管的私募基金管理公司和大量非监管公司也在广泛参与资产管理业务,依靠传统的主体资格监管已经难以应对日益复杂的资产管理业务,应当尽快加强行为监管、淡化主体资格监管。

第四篇　探索篇

第七章　我国实施金融行为监管的效力评价

自本章开始，主要对在我国实施金融行为监管进行前瞻性研究，初步建立实施金融行为监管的"效力"评价体系，即政策的实施可以带来哪些方面的效果，有哪些标准或原则可以作为实施行为监管的重要依据。进一步地，在这些定性标准之上，参考法经济学的分析框架，着眼于政策安排和实施的"效率"问题，并提出"帕累托效率"标准和"卡尔多—希克斯效率"标准，打开进一步开展实证分析的出口。

第一节　实施金融行为监管的效力分析

一、金融监管效力

按照经典教科书的解释，金融监管是指监管机构针对金融体系（包括金融市场及金融机构）的监督和控制行为，以此来确保金融机构的安全和控制系统性风险。金融监管效力是指金融监管当局直接干预金融市场配置机制，或间接改变金融企业和金融产品消费者决策的效果，即金融监管的有效性。同样，分析实施金融行为监管的效力，也要找准立足基点，把握既定目标与传导机制之间的逻辑，并以此评价是否有效以及有效的程度。

二、金融监管效力评价原则

一般认为，评价金融监管效力可以遵从以下原则。

（一）客观性原则

该原则是指在对金融监管效力进行评价时，要以事实为依据，进行客观准确的评价，不能受任何主观因素的影响。评价有定性评价和定量评价两种。定量评价是根据现有的数据计算一些指标，由于数据是原始的、不能更改的，比较客观，所以客观性原则主要是对定量评价的要求。

（二）辩证性原则

该原则要求评价的首要目的是确定监管体制现有缺陷的性质和程度，评价不仅包括取得的成就，更应注意到缺陷，这样才能更准确地衡量金融监管的总体情况。评价结果不应用来给监管体制评分和排名，而应用来执行行动计划，有步骤地采取必要的改进措施，评价还应说明需采取什么措施和何时采取这些措施来弥补缺陷。

（三）重要性原则

该原则是指在对金融监管评价中，指标的选取并非面面俱到，而是突出重点。一方面节省不必要的资源，另一方面可将更多的精力放在重点指标的考察上，有利于评价的准确性。

（四）深度原则

该原则是指评价必须有足够的深度，这样才有利于评判金融监管的各项标准是真正达标还是仅仅在理论上达标。在对金融监管进行评价时，必须多方面收集数据和资料，并能对数据进行充分的挖掘，这样才能对金融监管作出有一定价值和意义的评价。

（五）系统原则

系统强调要素的整体性、相关性和层次性。一是对于不同的监管对象要有具体的监管制度和措施，方法的选择要服从整体性要求，要有一系列相对完整而又充分体现监管系统运行状况的指标；二是要对监管的各个对象做到相互协调、相互补充、相互支撑，而不能相互抵触，或相互冲突。所选择的监管对象和相对应的措施，既能反映某一个单独领域的业务发生状况，又能与相近领域之间形成一种连接和协作关系，由此体现金融监管的整体状况，务必避免监管空白和监管冲突。

（六）可操作性原则

金融监管是一项具体的实践活动，关键取决于评价过程的可操作性。评价过程的可操作性又是由监管对象数据采集的有效性和合理性来决定的，完美的方案不能执行等于零，甚至会产生副作用。故而必须考虑监管措施所涉及的数据是否准确可得，是否符合逻辑，是否会带来剧烈波动。

以上原则是评价金融监管体系的一般标准，同样，行为监管作为金融监管模式的一种，上述原则同样适用。

第二节　实施行为监管的效率分析

按照法经济学的分析范式，政策制度的设计安排不仅包括"为什么"的规范性分析，还应该包括"是什么"的实证性分析。也就是说，不但要考虑政策设计定性方面的有效性，还要考虑政策收益与实施成本间孰高孰低的定量分析，这样综合考察，才更有利于全面评估实施金融行为监管的效果。

一、金融行为监管成本分析

（一）传统金融监管的成本

传统意义上的金融监管主要包括直接成本、间接成本和隐性成本三个方面的内容。

1. 金融监管的直接成本

主要反映的是金融监管工作中所投入的硬件设施，组织运作以及监管人才的培训及培养。主要包括监管机构设施配备、监管活动的组织实施及运作、监管的人力资源配备及培养。

2. 金融监管的间接成本

主要是指由于金融监管力度的加大，各项制度控制和处罚措施的实施造成一些传统业务开展难度增加，对金融机构自身效益的提高产生一定程度的影响，对从业人员的激励作用下降，带来一定的利益损失。

3. 金融监管的隐性成本

主要指监管对金融机构业务创新有所遏制，容易给金融机构带来畏风险、畏创新的情绪，此外，过于严格的监管还容易带来道德风险，可能会促使金融机构利用优势地位有意去冒更大的风险以谋取厚利，反而增加损失发生的可能性。

（二）金融行为监管的成本分析

在一般意义上的金融监管成本之外，特别地，实施行为监管还将增加以下方面的成本。

1. 固定投入成本

如果采用"双峰"式监管模式，就需要在原有机构设置之外，另行增加相应机构，配备专门人员、设施，并按照行为监管的要求不断加强投资者教育，设岗位、建制度、定目标，层层推进，持续投入，这些必然会增加政府支出。

2. 制度建设成本

在制度经济学看来，一切制度都是有成本的。简单来说，制度建设成本就是在一定的社会关系中，微观主体自愿交往、彼此合作达成交易所支付的成本。尽管制度可以系统地防止非效率，但建立任何一项制度都是需要付出代价的。行为监管作为一项新的政策设计，需要组织众多专家学者、从业人员、政府机构乃至普通民众研究参与，反复论证，不断碰撞，可能要耗费大量的社会资源。从政策的制定到实施，再到完全起作用，需要一段很长的时间。在此期间，还会不断增加新的成本，即新制度的"贴现成本"。有时，往往是因为贴现成本太高，即使所建立的制度再好，也可能成为社会不堪承受之重。改革开放以来诸多看似很美好但却很短命的"制度设计"，大都如此。

3. 实施行为监管带来的新问题

若建立统一的行为监管规则，可能因地区间金融发展水平不一致而导致执行成本过大，在执行过程中可能会不断遇到新的矛盾，产生新的问题。如行为监管机构与审慎监管机构之间的协调成本较高，对消费者的过度保护阻碍金融创新等；再比如由于一些指标无法具体明确，各国在行为监管的重要性、监管范围的确定以及监管理念、技术等多方面缺少共识，不容易进行国际合作，反而会降低金融在国际资本间配置的效率。

二、金融行为监管收益分析

（一）传统金融监管的收益分析

从长远来看，监管机构不以营利为目的，其收益为整个社会经济金融秩序的稳定，能够为金融业创造一个公平竞争的环境，使各金融机构能够有序开展业务，提升金融机构之间的创新能力，减少金融机构与消费者之间的信息不对称，降低金融体系逆向选择与道德风险，助推金融公平、合理、高效地调动社会资源。

金融是现代经济的核心。金融业的稳定关系到经济稳定和国家稳定。有效的金融监管能够促进社会经济活动的健康发展，保障社会环境的安全。特别是随着世界一体化的进程，金融机构与金融监管必须符合相应的国际惯例，这其中信息的充分性与透明度是正常参与竞争的必备条件，在这方面金融体系的有效运行还可以成为国家在国际交往中的重要战略工具。

（二）实施金融行为监管的收益分析

实施金融行为监管的收益可以从改进金融监管制度、规范金融业态发展、完善金融法制建设角度来考量。

1. 对传统金融监管拾遗补阙式的补充

传统金融监管虽然在长时间里发挥了巨大作用，但存在一些自身无法克服的难题，比如监管政策、监管措施的滞后性，多头监管的协调复杂、合力减弱，监管交叉或监管真空现象时有发生，监管信息不完整、不真实、监管手段欠科学，监管过度导致创新或者严重停滞或者监管套利现象严重，监管工作难以完全适应金融市场的真实需要，难以完全满足实体经济发展的客观需要。此外，还存在着重审批、轻维护，重事后管理、轻事前管理的现象，缺乏一套规范、科学的定性标准和定量指标体系，金融监管难以落实责任和考核分析，实际操作中带有一定的主观性。

相应地，在实践中出现这样一种现象，具有理性预期的金融机构为了能够在市场上追求更多的利润，走在了监管前列，甚至在一定程度上"超越"了监管覆盖的视野。对于传统监管的透彻研究使逐利的市场主体拥有了丰富的规避监管方式，加之其内部约束力不足，自我内控机制不健全，容易导致政策出台前的"野蛮生长"，在问题暴露之后再由监管部门组织实施补充式、叫停式补救措施。这些都增加了金融体系的潜在风险，加大了金融监管的工作难度，降低了金融监管效率。实施行为监管是在原传统监管思路的基础上进行的适当调整和补充，以期提升金融体系稳定和整体市场信心。

2. 对新金融业态监管提纲挈领式的指引

总体而言，金融创新呈现平稳中求突破、试点后再推广的基本特征。我国的金融创新也始终走在经济社会改革的最前沿，既有地方政府推动的试验示范性改革，也有国家有关部委自上而下的指导性改革，更有不断涌现出来的新金融业态对传统领域的冲击。这些改革创新正逐步融合，形成一幅波澜壮阔的金融创新蓝图。其中，新金融业态的出现在客观上加快了小微金融机构的发展、丰富了金融服务手段、完善了金融市场体系，也降低了社会资本参与金融活动的门槛，推动了普惠金融的进程。随之而来的是，多元化融资服务层次的出现，也对金融监管提出了新的要求。

比如，互联网金融具有典型的跨市场、跨行业、无国界、不确定性等特征，涉及消费者尤其是草根消费者众多，产品类型多、创新快，时间和空间转化快；而互联网金融模式下往往具有交易信息不对称、电子合同不平等、资金安全存隐患、个人隐私易泄露等风险，加强金融消费者权益保护的迫切性和必要性日益凸显。而在目前我国的金融监管框架内，依然是以机构监管为主，"谁家的孩子谁抱、谁生的孩子谁管"，但这种监管模式极度滞后于跨行业、跨区域的互联网金融。所以说，传统的准入监管方式越来越无法防范新的金融风险和越线行为。此外，金融机构之间业务交叉和交易也在事实上突破了对不同机构准入资格的限制，以行为监管为根本手段的监管创新可以作为对新金融业态的指导规范。

3. 对完善金融法制建设引领全局式的突破

我国现行金融法制体系没有专门针对金融消费权益保护的内容。现有的《消费者权益保护法》《产品质量法》中没有金融消费者保护、金融服务质量方面的规定；而《中国人民银行法》《商业银行法》《证券法》《保险法》等法律法规尚未建立起完善的金融消费者保护体系，这些法律都有局限性，对金融消费者的保护大多只是原则性触及，少有直接规定，可操作性不强，使得在实践中我国金融消费者权益保护呈现出无法可依的窘境。虽然金融机构的部门规章较多，但由于效力层次低，对金融消费者保护的能力有限。此外，金融消费者投诉与纠纷解决机制也不尽完善。现实中，法院基本上不受理专门的金融消费者保护案件，即便受理也是以普通的合同关系对待，没有相应的规范机制针对金融消费者权益侵害的投诉。金融机构内部的投诉渠道因为其自身的垄断性质，往往导致案件无疾而终，因此作用不大。各级相关协会的消费者保护功能也在很大程度上忽略了对金融消费者的保护。由此，实施金融行为监管，不仅可以尽快弥补这些短板不足，还可以作为有效的突破点，在推动社会主义法治建设方面凸显以人为本的社会关怀，发挥重点突破、引领全局的作用。

三、实施金融行为监管的效率分析

本节内容主要对实施金融行为监管进行"成本—收益"框架下的效率分析。

（一）帕累托效率

在社会经济发展的不同阶段，与其社会经济形态相适应的、行之有效的经济系统的首要功能即在于社会资源的配置。这种资源配置就是把一个社会可调动的各种资源分配到各种可供选择的用途中，以生产出能够满足人们不同需要的不同物品。在现代货币信用经济条件下，金融资源是一个社会动员与分配物质资源的手段和工具，因此社会资源的配置优劣在很大程度上依赖于金融资源的分配效率。

就如何判断资源的配置是否有效，20世纪初帕累托（V. Pareto）认为，如果在某种配置下不可能由重新组织生产和分配来使一个人或多个人的效用增加而不使其他人的效用减少，那么这种配置就达到所谓的"帕累托最优"（Pareto Optimality），也称为帕累托效率（Pareto Efficiency）。帕累托最优是资源分配的一种理想状态，可以说是公平与效率的"理想王国"。

（二）卡尔多—希克斯效率

在此基础上，另外两位经济学家N. 卡尔多（N. Kaldor）和J. R. 希克斯（J. R. Hicks）提出了补偿性验证，即卡尔多—希克斯效率（Kaldor Hicks Principle）。卡尔多—希克斯效率是指第三者的总成本不超过交易的总收益，或者说从结果中获得的收益完全可以对所受到的损失进行补偿，这种非自愿的财富转移的具体结果就是卡尔多—希克斯效率。

与帕累托标准相比，符合卡尔多—希克斯标准的条件更宽泛。按照前者的标准，只要有任何一个人受损，整个社会变革就无法进行；但是按照后者的标准，如果能使整个社会的收益增大，变革也可以进行，无非是如何确定补偿方案的问题。所以卡尔多—希克斯标准实际上是总效应最大化标准。

（三）金融监管效率

金融监管是为避免金融危机的局部和整体爆发而产生的一种以保证金融体系的稳定、安全及确保金融消费者利益的制度安排。它是在金融市场失灵如脆弱性、外部性、不对称信息及垄断等的情况下，由政府或社会提供的纠正市场失灵的金融管理制度。在这一层面上来看，金融监管至少具有帕累托改进性质，它可以提高金融效率，增进社会福利。

但是，判定金融监管是否能够达到帕累托效率还取决于监管政策的科学性、可操作性、监管当局的执行力以及市场主体的理性预期程度。如果监管能完全纠正金融体系的外部性而自身又没有造成社会福利的损失，就实现了帕累托效率。事实上，现实经济社会中信息是不完全对称的，正是这一原因形成了引发金融危机的重要因素——金融机构普遍的道德风险行为，也造成了金融监管的低效率和社会福利的损失。金融监管低效率的一种具体体现就是监管套利的存在。

监管套利是金融机构基于金融监管制度差异而进行降低净监管负担的行为。监管套利的实质是通过对监管漏洞的利用，以图获取超额收益。实现套利的前提是存在监管差异，具有理性预期的市场主体可以利用不同市场的监管规则漏洞实现直接套利；还可以通过横跨不同业态、适用于不同监管规则的业务程序组合来"超越"单一监管的要求，以形式合规实现规避监管。监管套利增加了金融机构的道德风险，金融机构可能会暂时逃避社会和监管部门的监督进行高风险的金融活动。①

（四）金融行为监管效率

实践和理论都一致认为，金融监管的目标应该是促成建立和维护一个稳定、健全和高效的金融体系，保证金融机构和金融市场健康发展，从而保护金融活动各方特别是消费者的利益，推动经济和金融发展。就金融行为监管而言，是实现整体金融监管目标的一种补充措施和支撑手段，它着眼于金融消费者权益的保护与维护金融市场的稳定高效，并以此为出发点去制定政策、衡量价值及引导方向。

综合上述成本—收益分析逻辑，固然实施金融行为监管会增加一些额外成本，但本书认为，其收益明显高于成本，而且在保护金融消费者权益等方面的收益是其他监管方式不可替代的，具有唯一性和强有效性。从这个意义上说，实施金融行为监管是有效率的。与其他监管方式相比，行为监管的一

---

① 张金城、李成：《金融监管国际合作失衡下的监管套利理论透析》，载《国际金融研究》，2011（8）：56－65页。

个重要特点就是实现帕累托效率的提升，而不仅是卡尔多—希克斯效率的改进。

1. 提升监管的稳定性、专业性和科学性

行为监管不但能够为解决信息不对称提供正向引导，有效发挥在不确定的环境中跨时空配置经济资源这一金融体系的核心功能。建立在金融体系基本功能基础上的行为监管政策和规则与传统监管政策相比也更为稳定和连贯。

随着金融的发展，金融机构的概念也在不断深化，突破了传统存、贷、汇的范畴。特别是互联网金融的兴起，一些普通的投资公司、经纪公司、咨询公司等都已成为资金或金融服务的提供者。不仅金融的概念在扩大，金融机构的概念也进一步扩大。以审慎监管或机构监管为主的传统金融监管机制将无法涉及一些领域，很大一部分金融消费者权益将暴露在无法保障的监管真空区域。

此外，金融创新产品层出不穷，产品结构愈加复杂，对原有审慎监管、机构监管等监管模式和监管部门提出了挑战，以金融机构为核心的监管模式在应对复杂的交叉性产品时可能显得力不从心，更谈不上实施有效的前期介入，使得金融消费者暴露在产品的隐藏风险中。这些问题在实施金融行为监管的监管模式中都可以得到充分考量和解决。

2. 有效减少监管套利的可能

随着金融市场竞争的日趋激烈以及金融创新进程的加快，金融机构业务类型越来越多元化，银行、证券、保险等金融机构倾向于打破本行业传统的产品和服务理念，呈现出向综合性金融集团发展的趋势，在产品的功能设计上呈现出跨行业、跨市场的特征。在机构监管思路下，这些功能上相似的金融业务很可能因监管机构的不同而受到不同标准的监管，形成不合理、不公平的监管差别，进而出现监管套利空间。因监管要求不同而引入更多参与机构最终增加成本的业务类型屡见不鲜，这些成本最终都会转嫁给消费者。随着企业、居民等市场主体金融服务需求的多样化，传统业态间的交叉业务以及新金融业态逐渐发展壮大，如果按照金融机构所属类型来进行监管则会出现监管真空，加大影子银行体系风险，进而危害金融消费者权益。相反，以金融产品和服务的基本功能及其对金融消费者的影响来开展行为监管可以有效规避上述问题。

3. 推动金融创新，提升金融效率

在传统监管模式下，由于监管部门难以对跨市场、跨行业的金融创新产品实施有效监管，其出于保护消费者权益或者自身的政治安全性考虑，容易采取叫停、禁止等简单粗暴的应对方式，可能在一定程度上限制金融创新的发展。行为监管重点关注金融消费者权益保护，无论对融资方、投资方还是资金流动全过程都有基本的政策标准，可以避免因为金融创新产品的监管权责归属不一产生的监管冲突，对于跨市场、跨行业的金融创新产品具有更强的风险判别能力和更强的市场监测手段，因而更有可能采取谨慎观察而非绝对禁止的监管方式，实现金融监管与金融创新的平衡，从而提升金融效率。

第三节　构建金融行为监管的效力评价体系

一、评价指标体系的构建原则

参照系统工程学及相关成熟理论，为使一种评价指标体系科学化、规范化，在构建时一般应遵循以下原则。

（一）系统性原则

各指标之间要有一定的逻辑关系，不但要从不同的侧面反映出各自系统的主要特征和状态，而且还要反映系统之间的内在联系。每一个子系统由一组指标构成，各指标之间相互独立，又彼此联系，共同构成一个有机统一体，指标体系的构建具有层次性，自上而下，从宏观到微观层层深入，形成一个不可分割的评价体系。

（二）典型性原则

评价指标要具有一定的典型代表性，尽可能准确反映出特定领域和业态的特征，即使在减少指标数量的情况下，也要便于数据可得和保证数据可靠。另外，评价指标体系的设置、权重在各指标间的分配及评价标准的划分都应该与行业规律及特征相适应。

（三）动态性原则

创新—监管—创新的循环递进发展需要通过一定的时间指标才能反映出来。因此，指标的选择要充分考虑到动态的变化特点，应该收集系列指标来反映有关特征。

（四）科学性原则

各指标体系的设计及评价指标的选择要具有代表性，不能过多过细，使指标过于繁琐，相互重叠，指标又不能过少过简，避免指标信息遗漏，出现错误、不真实现象，并且数据便利可得、方法逻辑清晰，尽可能减少监管成本。

（五）可比、可操作、可量化原则

在指标选择上，特别注意在总体范围内的一致性，指标体系的构建是为政策制定和科学管理服务的，指标选取的计算量度和计算方法必须一致、统一，各指标尽量简单明了、微观性强、便于收集，各指标应该具有很强的现实可操作性和可比性。而且，选择指标时也要考虑能否进行定量处理，以便于进行数学计算和分析。

二、构建行为监管效力的评价指标体系

参照上述原则，着眼于监管目标，本书认为，可以从以下几个维度对行为监管的效力进行评价，并将其进一步系统化提炼，构建行为监管效力的评价体系。

（一）风险防范能力

不仅包括对金融机构风险隐患的排查能力，而且包括对金融机构、金融市场未来风险的预测能力及转移和控制风险的能力。

（二）内部控制能力

指金融机构内部风险传播的控制能力，权力集中程度及内部信息披露程度。权力集中程度高，内部控制能力相对较差。

（三）市场约束能力

包括对资金流动平台、金融机构等金融消费者交易对手方的信息采集、分析、评价及信息披露能力。

（四）监管真空程度

指在监管过程中对金融机构、资金流动等监管的空白点，真空程度越大，安全隐患越大。

（五）监管重复程度

重复监管程度越大，对监管效率的影响程度越大。监管重复不但导致资源浪费，而且易导致相互推卸责任，引发道德风险。

（六）监管套利的程度

就某种业务而言，在本质交易机构与方式不改变的情况下，被一种监管方式禁止而通过换一种被监管对象改头换面之后即在法律法规层面可行的程度。

（七）沟通协调能力

包括各监管主体之间对于重复监管部分意见分歧的沟通、信息共享的沟通乃至对监管空白的沟通。

（八）信息共享程度

不仅包括各监管主体之间的信息共享，而且包括金融机构、融资主体等各市场主体之间的信息共享。

（九）监管成本

如果监管目标较为容易实现，则监管成本越大，可操作性就相对越小。

（十）金融效率

指微观经济活动中金融发挥的资源配置效率，社会融资结构合理性、金融市场发达程度、社会融资平均成本等。

（十一）金融消费者维权便利性

一旦遇到消费者权益受损，是否可以及时得到法律救助，权利是否可以清晰主张。

（十二）金融消费者权益保障性

金融消费者的应有权利是否得到充分保障，包括收益权、安全性、知情权等等。

上述指标的选取建立在系统性分析框架基础上，构建了实施金融行为监管的评价指标体系。立足把握监管目标和监管效果相平衡的指导思路，这一评价指标体系既包括单个监管目标的效力评价，也包括综合在一起的总体监管效力评价，既可以反映单个目标的影响状况，又可以互相作为结构支持，建立逻辑勾稽关系，为构建系统性的金融监管定量分析框架打下基础。更进一步看，如果将上述指标分别赋予权重和分值，那么它将是一套将金融监管目标和金融监管效力有机结合的一个实时的、动态的指数，为制定有针对性的政策创造可能性条件。以此为核心，还可以衍生出多个具体方向，也可以视为当前金融监管研究的一种趋势。

第八章 构建我国金融行为
监管体系的若干思考

实施金融行为监管，是当前适应我国经济形势要求，符合金融市场发展，也是顺应金融监管规律的一个选择。就当前构建我国金融行为监管体系而言，面临怎样的外部环境与内部条件，需要在哪些方面完善现有政策、着重挖掘潜力，行为监管体系如何设计、以何种思路和方式推进实施等，本节主要围绕上述内容展开。

第一节 构建我国金融行为监管体系的
SWOT 模型分析

按照现代企业经典管理理论，SWOT 模型分析是分别从优势（Strength）、劣势（Weakness）、机会（Opportunity）和威胁（Threats）四个维度对企业内外部条件各方面内容进行综合和概括，进而分析组织的优劣势、面临的机会和威胁的一种方法。通过这种分析方法，可以帮助企业清晰地找准定位，便于把资源和行动集中在自己的强项和最有机会的领域。

需要说明的是，由于这一分析工具一般应用于微观经济活动，帮助企业进行战略规划，在宏观经济研究领域应用范围不是很广。此处借用这一经典范式，对我国构建金融行为监管体系进行分析，主要是在梳理当前经济发展和监管运行背景下，借鉴系统的思想将与行为监管相关的各种主要优势、劣势、外部机会和威胁等似乎独立的因素相互匹配起来进行综合分析，更加全面地考量构建金融行为监管体系，避免盲目实施乃至起反作用。

从整体上看，SWOT 模型可以分为两部分：一部分为 OT，主要用来分析外部条件；一部分为 SW，主要用来分析内部条件。

一、机会与威胁分析（OT 分析）

随着经济、社会、科技等诸多方面的迅速发展，特别是经济全球化、一体化过程的加快，全球信息网络的建立和金融产品供给、消费需求的多样化，监管主体、行为主体所处的环境更为开放和动荡。这种变化几乎对所有的监管和市场主体行为都产生了深刻的影响。正因为如此，环境分析成为一种非常必要的先决条件。

按照理论体系，环境发展趋势分为两大类：一类表示环境威胁，另一类表示环境机会。环境威胁指的是环境中一种不利的发展趋势所形成的挑战，如果不采取果断的战略行为，这种不利趋势将导致公司的竞争地位受到削弱。而环境机会就是对主体行为富有吸引力的领域，在这一领域中，该主体将拥有竞争优势。

对环境的分析也有不同的角度，主要有 PEST 分析和波特的五力分析两种框架。由于波特的五力分析更多适用于企业产品战略制定，为此我们在这里采用 PEST 模型来阐释 OT 分析。

PEST 分析法是战略外部环境分析的基本工具，它通过政治的（Politics）、经济的（Economic）、社会的（Society）和技术的（Technology）角度或四个方面的因素分析，从总体上把握宏观环境，并评价这些因素对战略目标和战略制定的影响。

（一）P 即 Politics，政治要素

指对组织经营活动具有实际与潜在影响的政治力量和有关的法律、法规等因素。当政治制度与体制、政府对主体业务的态度发生变化时，当政府发布了某项关联性的法律、法规时，主体战略必须随之作出调整。法律环境主要包括政府制定的相关法律、法规。政治、法律环境实际上是和经济环境密不可分的一组因素。

就行为监管而言，现行法律法规的不完善是其重要制约。现有的《消费者权益保护法》、《产品质量法》中没有金融消费者保护、金融服务质量方面的规定，尚未建立起完善的金融消费者保护体系。已有的法律中也都存在局限性，对金融消费者的保护大多只是原则性触及，可操作性不强，使得在实践中我国金融消费权益保护在有些情况下呈现出无法可依的窘境。

但从另外一个角度看，政府层面越来越重视金融消费者权益保护，而且也在积极推动这些法律法规的建立，并设立专门的金融消费者权益保护机构，一些部委和地方政府也都相继出台了一系列有关政策措施，这些都为建设完备的金融消费者权益保护法律体系积累了经验，奠定了基础。正式法规的形成将使行为监管成为我国金融监管体系的一个重要支柱。

2012 年 3 月，中国人民银行获批设立金融消费权益保护局，主要职责为：综合研究我国金融消费者工作的重大问题，会同有关方面拟定金融消费者保护政策法规草案；会同有关方面拟定交叉性金融业务的标准规范；对交叉性金融工具风险进行监测，协调促进消费者保护相关工作；依法开展人民银行职责范围内的消费者保护具体工作。

（二）E 即 Economic，经济要素

经济要素指一个国家的经济制度、经济结构、产业布局、资源状况、经济发展水平以及未来的经济走势等。构成经济环境的关键要素包括 GDP 的变化发展趋势、利率水平、通货膨胀程度及趋势、失业率、居民可支配收入水平、汇率水平、市场机制的完善程度、市场需求状况等等。由于企业是处于宏观大环境中的微观个体，经济环境决定和影响其自身战略的制定，经济全球化还带来了国家之间经济上的相互依赖性，企业在各种战略的决策过程中还需要关注、搜索、监测、预测和评估其他国家的经济状况。

自 2010 年以来，我国 GDP 年均增速达 8% 以上，稳中求进的经济运行态势为实施行为监管提供了良好的基础。同时，经济发展并不均衡，众多中小企业仍然面临融资难、融资贵的局面，这为创新金融产品提供了广阔的市场潜力。原有监管模式不能有效支撑创新业务为实施行为监管带来了巨大机遇。此外，2015 年 3 月 2 日，全国人大财经委副主任委员吴晓灵表示，我国目前各项存款中，定期存款约占 60%。高定期存款比例显示出中国直接融资的潜力较大，这同样是实施行为监管的重要机遇，可以盘活存量，提升整体货币市场运行效率。

同时也要看到，我国经济金融发展水平不均，各地区投资者对产品理解能力差异很大，消费能力有比较大的区域差异，维权能力也有很大的区域差异，落后地区实施行为监管的必要性更强，各地监管要求和标准的需求不同使得行为监管政策制定存在现实障碍。

（三）S 即 Society，社会要素

社会要素指组织所在社会中成员的民族特征、文化传统、价值观念、宗教信仰、教育水平以及风俗习惯等因素。构成社会环境的要素包括人口规模、年龄结构、收入分布、消费结构和水平、人口流动性等。每一个社会都有其核心价值观，这些价值观和文化传统是历史的沉淀，通过家庭繁衍和社会教育而传播延续，因此具有高度的持续性和相当的稳定性，而一些次价值观是比较容易改变的。每一种文化都是由许多亚文化组成的，它们由共同语言、共同价值观念体系及共同生活经验或生活环境的群体所构成，不同的群体有不同的社会态度、爱好和行为，从而表现出不同的市场表现。

就我国微观市场主体而言，一方面遵循追逐经济利益的市场天性，另一方面又呈现出我国传统文化中"中庸"特性，在把握不好创新方向时多数机构选择先等一等、看一看，相对于完全原创性创造，更倾向于跟风式模仿。这在市场上表现为创新型业务出现较为谨慎，但一旦某种创新型业务出现，就会有大量同类产品迅速涌现，众多机构会赶在监管部门表明态度之前创造经济效益。这样不但不利于真正创新，还会引发不当竞争行为和不当盈利行为，不能充分体现全力维护金融消费者权益的监管指导思想，甚至还会损害金融机构的社会声誉与市场形象。

（四）T 即 Technology，技术要素

技术要素不仅仅包括那些引起革命性变化的发明，还包括与社会生活有关的新技术、新工艺的出现和发展趋势以及应用前景。在金融市场领域，主要是互联网技术快速复用，导致互联网金融的一夜走红。李克强总理在政府工作报告中"互联网＋"概念的提出更是对互联网技术的高度认可。可以说，互联网金融已经成为中国新常态下的一枚全新引擎，在经济结构优化的过程中，正在为大众创业、万众创新提供有力的资金支持。

互联网金融一是能够帮助中国众多小微企业和个体工商户便捷地获得低成本资金，服务实体经济；二是释放居民投资热情，增加居民收入；三是有助于平衡中国地区经济发展，优化不同地区间的资源配置；四是借助互联网金融多种融资方式，有助于构建多层次资本市场。这些作用的发挥同样伴随着风险的防范和监管的介入。前文已经详细论述，行为监管是对互联网金融监管的最合适思路，尤其是在目前互联网金融存在唯收益论、脱离实体等浮躁作风

的形势下，实施行为监管是能够"科学谋划、有效防范"的监管方式的创新，也是杜绝客户欺诈、平台跑路等防控区域性、系统性风险的重要举措。

二、优势与劣势分析（SW 分析）

如果说 OT 分析是从外部环境上分析实施行为监管的有利因素，是识别环境的话，那么 SW 分析是立足行为监管规则本身，以其有效性及对金融机构、金融创新的支持力作为分析对象，找出相较于其他监管模式的优势及劣势，为决策者整体把握提供基础性内容。

在这里将行为监管与传统监管进行比较，只是为了凸显行为监管的特殊优势以及相对劣势，并不是将二者有意对立，因为只有二者互为支撑，有机交融，才能更有效地发挥监管职能，维护金融市场稳定，提升市场效率。

（一）优势

1. 具有引导式、前瞻性的特点，有利于金融产品风险的早期识别

总体来看，审慎监管框架的主要特征是建立更强的、体现逆周期性的政策体系，这些措施对于系统性风险的防范具有重要意义，但从某种程度上来看，这类监管政策手段对于系统性风险的早期识别和干预显得力不从心，需要行为监管方面更具主动性、前瞻性的介入式监管手段的配合，通过对金融产品、服务以及商业模式的事前审查，将那些可能引发系统性风险的产品特征消除在萌芽状态。

2. 具有全流程的特点，可以整合监管割裂，覆盖监管空白

审慎监管框架的另一条基本思路是牌照式准入式监管，认为管住起点和退出终点即可有效。但目前创新业务的发展、新金融业态的出现使得更多的资金活动早已突破了牌照式准入的限制。监管的空白无法抑制市场主体盲目的逐利性，甚至在一定程度上加剧了风险的集聚与传导。没有被监管不但没有引起市场主体自身对风险的重视，反而成为众多机构用以宣传的噱头，而实施行为监管关注全程资金流安全，可以有力避免监管割裂，降低监管成本，阻断系统性风险的形成与传导。

3. 可以提升监管专业程度，避免监管套利

近年来，多元化、跨行业、跨机构的创新型产品不断出现，一部分源于实体经济的实际需求，另一部分则是单纯的监管套利，如 2013—2014 年的银

信合作模式。所谓的创新不但没有降低风险，反而额外增加了企业的融资成本，可以说，秉持这种思路的创新首先是对现有监管规则研究的全面深入，但从另一个角度来讲，也是对监管部门的挑战。为何功能相似、本质雷同的业务经过不同的包装就可以增加监管套利的空间，最终让金融消费者买单。这不但损害了金融消费者权益，而且积累了金融系统风险。实施金融行为监管，无论是企业的融资成本还是居民的投资收益，都是制定监管政策的最大关注点，可以有效解决金融机构利用自身优势进行监管套利的问题。

（二）劣势

1. 现有监管框架相对成熟，更具连贯性

无论是监管主体还是被监管对象，乃至金融消费者，由于思维惯性都更加倾向于寻找传统监管方式，行为监管因为没有明确法律规范，也显得强制性不足。

2. 被监管对象主动性不够

一是在经营行为方面，严格遵循政策合规性的行为表现还不强，立足于模式创新、全面贯彻落实金融业社会责任的行为举措远远不够。二是在金融业务创新中，主动减少不正当竞争的行为意识淡化，行业行为标准还比较粗糙。

3. 金融消费者整体教育不够

由于发展时间不长，我国民众对金融市场以及金融商品的了解程度较低，然而，对参与金融市场的热情却高于西方发达国家，出现了长时间的全民皆股现象，并且这种现象在将来相当长的时间内仍会持续下去。一方面金融市场上的消费者众多，而另一方面我国金融消费者的金融知识却普遍缺乏，反向识别金融诈骗的能力不强，这也是导致金融消费者自身利益受损的主要原因。金融消费者不明确自身权益受到侵害之后的自我救济方式，甚至不指望能够得到赔偿，自身保护意识淡薄。

4. 缺乏具体实施细则，缺乏典型可借鉴案例

行为监管更多的处于讨论研究阶段，国内较为缺少通过实施行为监管对机构、消费者的具体保护案例，这就导致在相关法律法规不健全的情况下，行为监管的推广性较差，实施的操作性不高。

三、构建金融行为监管的 SWOT 模型框架

综合 SW 分析和 OT 分析，一般在建立 SWOT 模型框架时会采用杠杆效应、抑制性、脆弱性和问题性四个基本理念来进行，如图 8-1 所示。

内部分析 / 外部分析	优势S 列出优势	劣势W 列出劣势
机会O 列出机会	SO战略 发出优势 利用机会	WO战略 克服劣势 利用机会
威胁T 列出威胁	ST战略 利用优势 回避威胁	WT战略 减少劣势 回避威胁

图 8-1　SWOT 模型分析框架图

（一）杠杆效应（优势 + 机会）

杠杆效应产生于内部优势与外部机会相互一致和适应时。在这种情形下，可以用自身内部优势撬起外部机会，使机会与优势充分结合发挥出来。然而，机会往往是稍纵即逝的，因此需要敏锐地捕捉机会，把握时机，以寻求更大的发展。

（二）抑制性（机会 + 劣势）

抑制性意味着妨碍、阻止、影响与控制。当环境提供的机会与内部优势不相适合，或者不能相互重叠时，优势再大也将得不到发挥。在这种情形下，就需要提供和追加某种资源，以促进内部资源劣势向优势方面转化，从而迎合或适应外部机会。

（三）脆弱性（优势 + 威胁）

脆弱性意味着优势的程度或强度的降低、减少。当环境状况对自身优势构成威胁时，优势得不到充分发挥，出现优势不优的脆弱局面。在这种情形下，必须要想办法发挥优势，进而争取主动改观机会。

（四）问题性（劣势＋威胁）

当自身劣势与外部威胁相遇时，无论什么主体都会面临着严峻挑战，如果处理不当，可能直接威胁到生存。

以上述分析框架为基础，结合目前我国经济金融发展态势、当前金融监管环境和金融创新浪潮，本书认为，就构建我国金融行为监管体系而言，目前处在抑制性和杠杆效应叠加的双重场景，外部机会已经出现，但内部优势并不凸显，而且还存在一定劣势。可以明确的是，实施金融行为监管符合监管规律和创新潮流，是未来市场发展的方向。但也必须意识到，要想让金融行为监管落地生根，在经济建设和社会发展中切实发挥不可替代的作用，还有大量工作需要快速推进，否则就有可能错过这样一个战略机遇期，再做推广时可能会增加更多的成本。一方面，要强化从监管部门、金融机构到金融消费者乃至中间所有环节涉及部门对行为监管的重视；另一方面，要设计好实施行为监管的政策措施，组织有序，推进有度，不因政策实施增加额外的社会负担。

第二节　构建我国金融行为监管体系总体思路

总体而言，构建我国金融行为监管体系要以保护金融消费者权益为核心，坚持"问题"导向，遵循互补式融入、全流程覆盖、清单式管理、循序式推进的思路。

一、以保护金融消费者权益为核心

相对于金融机构，金融消费者有天然的弱势，一方面，由于金融业的特殊性造成市场信息的不对称，加之金融市场及金融工具的专业性、复杂性和高风险性，金融消费者的专业知识、风险判断和定价能力无疑更处劣势。另一方面，金融机构与金融消费者在控制风险的能力和获得收益的机会方面也存在不对等，金融消费者权益能否得到保证完全依赖于金融机构能否有效履行受托责任。而事实上，金融机构内在的逐利性与其受托责任存在一定的利益冲突。

从金融体系的本源追溯，其诞生和发展都源于金融消费者的投融资活动，其延展和衍生也是为了满足更多的投融资活动。因此，保护金融消费者权益本应贯穿于金融监管始终。这里所说的金融消费者权益保护包含两层含义：一是既要保证投资者投资的安全，又不降低投资者的收益；二是既要保证融资方的融资可得，又不增加融资成本。故而，任何有悖于金融消费者权利保护的创新，不管交易结构多复杂、运用工具多高级、产品设计多纷繁，如果仅仅为达到规避监管而增加了融资成本或者减少了投资收益，都不应该也不值得受到鼓励和默许。这一条核心思想对于传统金融以及互联网金融等新业态乃至一些不具有金融牌照的其他机构均适用。可以说，完备的金融消费者保护体系是一个发达金融体系应有的必然特征，也是构成金融体系国际竞争力的重要因素。

二、坚持"问题"导向

"问题导向"是行为监管与其他监管方式的最大区别。在深入贯彻"四个全面"的新形势下，为适应经济发展新常态，金融监管更应该强调"问题导向"的思路，关注金融机构的行为表现与行为动作，从机构行为、投资行为、交易行为与监管行为等多个角度，对市场行为进行全方位综合治理与行政监管，是一种"抓源头管理"的举措，具有前瞻性、引导性的特点。

需要注意的是，这里所说的"问题导向"，不仅包括单个机构、某种业务的具体问题，而且包括市场层面、行业层面、区域层面等不同维度中存在的共性问题和普遍性问题，是可能引发系统风险的重大问题。[①] 要以这些"问题"为突破口，不避难题，切中实质，尝试运用行为监管的工具来破解，让"问题"成为改进管理方式和创新监管方式的抓手。

三、互补式融入

虽然行为监管有其独有的逻辑和方式，但行为监管不是必须要独立存在的一种模式，而是在整体金融监管体系中对功能监管、审慎监管、风险监管等传统监管方式的一个有益补充。在其他监管方式不易发挥功效的领域和时点，即以行为监管特有的优势来弥补；在其他监管方式可以明显发挥效力的

---

① 廖岷：《银行业行为监管的国际经验、法理基础与现实挑战》，载《上海金融》，2012（3）：61－65页、118页。

内容方面，就不需要再加入行为监管这一道程序，这也是避免重复监管、提高监管效率的应有之义。

四、全流程覆盖

相对于资格监管的准入审批、审慎监管的时点考核、功能监管的责令退出，行为监管更多关注金融消费者投融资活动全程的权益保护，注重程序性和维权时的证据。它强调对消费者权利的无上维护，实际上是从金融消费者投资意识开始，到投资发生，再到资金安全收回，乃至交易活动发生之后的信息安全，以及以上全部活动的知情权。以上全程式的覆盖，就是资金安全权、信息知情权、自主选择权、公平交易权、信息安全权、监督与求偿权、基础服务获取权等各项权益保护的综合体现。

五、清单式管理

对金融行为监管全部流程进行细化、量化，形成清单，列出清晰明细的管理内容或控制要点，形成具体措施和实施指引，检查考核按清单执行。它可以方便快捷地反映出动态化监管的痕迹，追溯整个监管过程的来龙去脉。具体而言可以有正面清单和负面清单两种模式。一是建立监管部门的正面权力清单，让监管部门和金融机构都非常清楚在关键节点的规定性动作，金融机构有权拒绝任何额外的其他要求；二是建立负面清单，明确用以约束金融机构不应该怎样的禁止性动作，除此之外，给予金融机构充分的自由空间。

六、循序式推进

金融机构类型有别，业务特点差异巨大，传统监管模式的影响也不尽相同，而且有些业务用传统监管方式完全可以发挥作用，如果直接用行为监管方式替代反而容易出现纰漏。因此在构建行为监管体系时，要考虑循序式推进，不能一蹴而就，全面推开，可以先选取互联网金融等传统监管不能有效覆盖、更加契合行为监管领域的金融市场形态试行，积累经验，总结教训，改进方式，待时机成熟后再分步推开。此外，还要将传统监管方式无法有效覆盖或者容易产生监管冲突的内容一一甄别，对这些容易出现的问题，进行案例式的排查、梳理、筛选，并不断总结经验，形成由点及面、分类管理、勾稽联动的风险监测内容体系，进行合规性和风险性评级，以消除交叉性创新带来的监管分割界限。

第三节　搭建以维护中小金融消费者权益为目标的安全网

一、强化金融机构日常行为约束，营造稳定长效态势

在现实中，金融机构各级人员在各级考核机制下，往往倾向追求短期利润，想尽办法规避监管，选择性忽视消费者权益保护，甚至会试图突破监管底线。这种厌恶监管、排斥风险的倾向可能直接导致风险的放大。特别是一些互联网平台及其相关金融机构在公平公正对待金融消费者方面尚无明确的行为规范和要求，因此在实际操作中，容易出现许多似是而非和模糊不清的领域，对可能出现的安全隐患没有做到及时过滤。对此，必须强化机构日常行为约束，针对互联网金融等平台出台相关实施细则，并加大惩处力度，形成常态稳定预期。

二、建立有关金融消费者权益保护的评价标准体系

引导金融机构在设计、审批和推销产品时，除了产品自身的风险、收益和盈利模式外，也应该尝试从善待客户和公平公正对待客户的角度建立另外一套标准。比如，产品的设计结构是否充分考虑客户实际需求及相关权益，产品的销售过程是否完全实现了充分信息披露，是否与客户进行了充分沟通和互动交流，保证客户感受到公平与公正？如果市场主体都能遵从这样的业务逻辑，那么在一定程度上就能消除系统性风险。

三、倡导金融机构树立理性和审慎的金融伦理观

一方面，对监管部门来说，要将对市场系统性风险的最大化关注传导给金融机构，让守住风险底线的思维与追求利润一样深植于金融机构以及其他市场主体。为了能强化具有理性预期的金融机构坚守这种观念，监管部门要

善于用底线思维甄别业务类型，清晰知晓风险雷区与禁止性规定，不能仅依靠金融机构所报告的规定事项和数据作出判断，还必须想方设法增强监管的针对性和实效性，切实杜绝金融机构规避监管的侥幸心理。

另一方面，对金融机构而言，发挥公司治理的作用，不仅需要通过规范公司内部制度建设、加强企业风险管理与内控、构建合理的薪酬管理体系及建立透明的公司治理结构与信息披露制度来提升公司治理水平，更需要经营层、决策层真正以理性和审慎的态度来研究如何用制度来规范、以机制来约束公司经营行为，强化金融机构对其经营和风险程度的识别和管理，确保公平公正对待客户的观念能够作为衡量金融机构经营业绩和服务水平的重要标准。

四、实施网格化监管，构建多元化金融消费纠纷解决机制

2012 年 9 月，在国务院批准的《金融业发展和改革"十二五"规划》中明确提出，将建立金融消费者权益保护的申诉处理和处罚机制，加强金融消费者权益保护教育和咨询系统建设，提高金融消费者的安全意识和自我保护能力。经过近几年的发展，我国现行《消费者权益保护法》中已经有与经营者协商和解、请求消费者协会调解、向行政部门申诉、申请仲裁、提起诉讼五种消费争议解决方式。但由于金融消费纠纷涉及专业性、技术性知识，应立足大多数金融消费者信息弱势、专业欠缺的现实条件，再增加专业仲裁机构与法律救济形式等专业性、多元化支持，并考虑设立简捷、高效的金融消费纠纷处理机构，让金融消费者可以根据需要无障碍选择维权。

第四节　完善"前瞻式"干预预警机制

一、加强对创新型交叉业务的"前瞻式"干预

金融机构为了逃避监管或是利用监管漏洞谋求监管套利而开展的所谓业务创新活动，并不考虑金融消费者的成本增加或收益降低。这种通过金融机构内部左右倒手，或金融机构之间两两对倒，甚至引入非金融机构等人为设置监管障碍的行为，需要监管部门采取更主动的、介入式的深度监管，将监

管重心前移，及时进行干预及方向调整，将被迫表态转化为主动提示，将被动干预转化为主动引导。特别是在当前市场发挥资源配置决定性作用的背景下，既要尊重微观主体的市场活力，也要明确监管态度，将逃避监管及套利预期消除在萌芽状态，引导其创新走入规范方向。

二、建立对互联网金融等新金融业态的预警机制

就目前互联网金融业态而言，绝大多数平台没有金融牌照，但其开展的业务种类实际上与各金融机构相差无几，互联网理财已经将很大部分银行存款引流，互联网借款又将目标对准了一部分本来风险就偏高的中小企业。没有金融牌照不仅没有成为它们业务开展的障碍，反而摇身一变成为摆脱监管的最直接理由。必须看到的是，这些业务的对象更多的是最普通的大众金融消费者，他们的共同特点是风险承受能力小，目标收益期望高，金融知识积累少。在收益偏高的"财富效应"和一些不太正规平台的虚假宣传下，明显呈现出羊群效应，互联网理财收益不断攀升，且有显著的棘轮效应，规模也一再创造新的纪录。与此同时，风险也随之迅速膨胀，借新还旧的庞氏骗局屡屡上演。再加上一些平台自身资质、业务开展范围也未经过相应审查，互联网金融业态成为最易引起系统性风险的监管空白领域。

对此，监管部门亟需建立互联网金融的预警机制，掌握互联网金融产品规模、资金投向、发售期限、资金来源、杠杆倍数等指标，并就平台门槛和产品门槛给出明确意见，明示底线和禁区，降低杠杆，防止由此带来的系统性风险向传统金融渗透和转嫁。

三、加强监管队伍建设，提高看懂看透风险的能力

当前金融创新纷繁复杂，市场机构种类多样，各类微观主体天生追求自身短期利益最大化，商业模式或产品业务的系统性影响不在其考量范围。金融危机的事实已经证明，完全依赖市场机构自由发挥必然引发较高的系统性风险。由于金融活动的特别属性，这些风险一旦发生事后是无法挽回全部损失的。自然地，实施有效的早期干预对于稳定金融体系、防范系统性风险非常必要。

随之而来的问题是，在进行"前瞻式"干预时，需要监管者在监管理念、市场认知、创新实质等具体内容上与时俱进。这是对监管者提出的更高要求，不仅要按监管规范开展工作，更要深入研究市场，研究创新动因与风险防范手段。特别是在具体业务实践中，需要对金融机构在产品设计、新业务推出阶段和同质同类经营行为中进行必要的横向分析、监管关注和提前干预，切实看懂看透风险所在，需要对是否有系统性、全局性风险前兆有明确考量，对于不易引发系统性风险的，可以给出宽容性意见，风险程度确实偏大的，就要在源头杜绝。

四、把握合理边界，避免干扰微观主体正常经营

实施深度介入式监管必须把握一个合理边界。各家金融机构作为微观市场主体，有其发展战略、商业模式以及适合自身发展的一整套风险偏好。监管当局要对此进行恰当的评价，在业务开展过程中加强和董事会、经营层的沟通，既不能故步自封，又不能越俎代庖。需要强调的是，"前瞻式"干预并不代表由监管部门去代替微观市场主体进行业务操作和风险判断，而是表明监管者已经对于系统性影响有了充分的认识，并做好随时进行干预的准备。

第五节　力推与行为监管体系相关的基础性建设

一、建立健全相关法律体系

在全面建成小康社会、全面深化改革、全面依法治国、全面从严治党的新形势下，依法行政的理念深入人心，建立健全相关法律体系迫在眉睫。

一是在《消费者权益保护法》的基础上，制定专门针对金融消费者权益保护的国家层面法律，明确将金融消费者权益保护列入法条。二是制定有关部委层面的实施细则，结合金融消费形态及其监管体系建立各种金融消费者权益保护的适应性法规，形成简洁、高效的监管机制。三是制定针对行为监管主体的机构法，以法规形式明确主体地位和行权边界。

二、加强行业自律建设

行业自律是金融业自我管理、自我规范、自我约束的一种民间管理方式，可以在监管当局的鼓励、指导及社会舆论的倡导下，根据金融机构的不同类型、不同所在地建立不同的金融行业自律协会，并在此基础上形成全国同业联系机制。2015 年 1 月 30 日，由银监会牵头设立的中国小额贷款公司协会在北京宣布成立。中国小额贷款公司协会是由小贷机构和地方行业自律组织自愿结成的全国性行业自律组织。其业务主管部门是银监会，接受银监会、人民银行工作指导，并接受民政部的指导、监督和管理。协会将主要发挥连接中央和地方政府、行业主管部门、地方监管机构、小额贷款公司、小额贷款公司合作机构以及社会大众等的桥梁纽带作用，履行行业自律、维权、服务和协调职能。这一做法可以作为一个有代表意义的模式进行推广。

三、优化监管协同机制

一是"一行三会"设立的四个金融消费者保护机构，应在明确划分各自职权职责的基础上，建立部门间信息交流、联席会议以及对金融机构跨市场、跨行业业务风险监测、现场检查、责任追究等协调与合作机制，共同保护金融消费者。二是金融消费者保护部门也应加强与相关政府部门、金融行业协会、消费者协会、媒体舆论等方面的交流与沟通。三是要进一步优化中央与地方层面的监管协同机制，尽快统一地方监管部门在机构性质、管理权限、执法边界等方面的权限，搭建信息共享平台，建立监管联席会议机制，协商交叉职责监管权限争议处置程序、法律责任追究等内容，完善跨行业、跨市场金融风险的监测、评估、预警和化解系统。

四、注重社会舆论监督

金融机构的经营行为、服务质量、公众形象等，时刻在受社会公众的评论和新闻媒体、社会舆论的监督。社会舆论的监督可以鼓励动员全社会成员都来关心和协助监督金融消费者权益保护，通过营造宽松的舆论环境，广泛聚焦媒体目光，对逃避监管、侵害金融消费者权益的行为形成强大的社会监督威慑力，督促金融机构以及更多的互联网金融平台依法经营和规范行事。

五、综合提升金融消费者素质

可以说，金融消费者自身提高风险防范意识是金融消费者保护的第一道防线。"一行三会"应将金融消费者教育活动作为金融消费者保护工作的重要部分，鼓励和倡导金融机构向公众宣传金融知识，开展金融消费者教育的普及和推广工作。要考虑制定金融消费者教育规划和指标体系，形成长效工作机制，鼓励为金融消费者提供专业的法律、金融知识咨询服务。同时，进一步强化金融机构对客户的教育、引导责任，将其作为金融业务经营活动的必然组成部分，并考虑建立评估金融机构金融消费者教育有效性的指标体系。此外，还要注重提炼具有代表意义的业务实践，打造典型行为监管案例，用以宣传金融消费者权益保护，大力提倡消费者维权，倡导行为监管，普及行为监管。

参考文献

一、图书和文章

[1] 安德鲁·霍尔丹、瓦西利斯·马德拉斯、张晓朴、朱太辉:《当前全球金融监管改革的反思》,载《新金融》,2013(1):20－24页。

[2] 巴曙松、王璟怡、杜婧:《从微观审慎到宏观审慎:危机下的银行监管启示》,载《国际金融研究》,2010(5):83－89页。

[3] 巴曙松:《分立的金融监管岂能"各管一段"》,载《中国经济周刊》,2005(6):24页。

[4] CNNIC第35次中国互联网络发展统计报告。

[5] 曹凤岐:《改革和完善中国金融监管体系》,载《北京大学学报(哲学社会科学版)》,2009(4):57－66页。

[6] 陈林:《互联网金融发展与监管研究》,载《南方金融》,2013(11):52－56页。

[7] 丛阳:《变革中的英国金融监管框架》,载《上海金融》,2001(9):25－26页、32页。

[8] 丁德圣:《次贷危机后国内外金融监管思路和模式研究》,辽宁大学博士论文,2013。

[9] 耿立新:《浅谈提高金融监管效力的有效途径》,载《海南金融》,2002(1):42－45页。

[10] 耿忠:《危机后全球金融监管改革及中国政策选择》,载《经济师》,2012(11):185－187页。

[11] 郭田勇:《金融监管学》,3页,68－69页,北京,中国金融出版社,2014。

[12] 郭旭红、张红:《改进保险市场行为监管效果的博弈分析》,载

《金融与经济》，2003（8）：8-9页。

[13] 郭炎兴：《畅通金融消费者维权直接通道——访人民银行金融消费权益保护局局长焦瑾璞》，载《中国金融家》，2013（5）：66-68页。

[14] 何颖：《论金融消费者保护的立法原则》，载《法学》，2010（2）：48-55页。

[15] 贺京同、那艺：《传承而非颠覆：从古典、新古典到行为经济学》，载《南开学报（哲学社会科学版）》，2007（2）：122-130页。

[16] 胡海峰、罗惠良：《对金融创新经济效应的若干思考》，载《教学与研究》，2009（6）：41-47页。

[17] 黄达：《金融学（精编版）》，中国人民大学出版社，404-405页，2004。

[18] 霍华德·戴维斯、大卫·格林：《全球金融监管》，100页，中国银行业监督管理委员会译，北京，中国金融出版社，2009。

[19] 姜立文：《金融功能监管模式新论》，载《华北金融》，2008（2）：14-17页。

[20] 焦瑾璞：《金融消费者权益保护亟需立法》，载《理财周报》，2012-12-31。

[21] 焦瑾璞：《创新我国的金融监管体制》，载《中国城乡金融报》，2012-03-09，A03。

[22] 焦瑾璞：《金融消费者保护与金融监管》，载《征信》，2013（9）：1-2页。

[23] 焦瑾璞：《中国金融消费权益保护现状与思考》，载《清华金融评论》，2014（10）：17-20页。

[24] 焦莉莉、李清、张丹：《欧盟金融监管合作与金融稳定：一个文献综述》，载《上海金融》，2013（7）：59-64页、118页。

[25] 金仁淑：《经济全球化背景下的日本金融监管体制改革》，载《广东金融学院学报》，2010（5）：72-79页。

[26] 兰振光、周海林：《我国银行消费者权利保障制度之构建》，载《江西金融职工大学学报》，2007（2）：32-35页。

[27] 李成：《金融监管理论的发展演进及其展望》，载《西安交通大学

学报（社会科学版）》，2008（4）：22-29页。

［28］李伏安、吴清、施光耀、袁钢明、焦瑾璞：《金融危机下的慎行：产品创新与风险监管》，载《资本市场》，2009（2）：31-32页。

［29］李霁、侯俊：《国外的统一金融监管制度》，载《金融信息参考》，2003（3）：52页。

［30］李健：《混业经营条件下金融监管研究》，湖南大学硕士论文，2003。

［31］李绍昆：《浅析混业经营对我国金融监管体制的影响》，载《山东行政学院山东省经济管理干部学院学报》，2006（3）：78-80页。

［32］李喜莲、邢会强：《金融危机与金融监管》，载《法学杂志》，2009（5）：13-15页。

［33］李有星、陈飞、金幼芳：《互联网金融监管的探析》，载《浙江大学学报（人文社会科学版）》，2014（4）：87-97页。

［34］李真：《互联网金融哪家强——2014年互联网金融产品年度报告》，载《华宝证券研究报告》，2015-02-04。

［35］廖岷：《对危机后银行业"行为监管"的再认识》，载《金融监管研究》，2012（1）：64-74页。

［36］廖岷：《银行业行为监管的国际经验、法理基础与现实挑战》，载《上海金融》，2012（3）：61-65页、118页。

［37］刘春红：《中德金融监管体系比较》，载《华东经济管理》，2006（10）：114-116页。

［38］刘恺：《金融消费者概念辨析》，载《时代金融》，2013（18）：284-285页。

［39］刘力：《金融消费者权益保护理论重述与裁判研究》，华东政法大学博士论文，2012。

［40］刘鹏：《金融消费权益保护：危机后行为监管的发展与加强》，载《上海金融》，2014（4）：71-77页。

［41］刘迎霜：《论我国中央银行金融监管职能的法制化——以宏观审慎监管为视角》，载《当代法学》，2014（3）：120-128页。

［42］吕明晓：《通过制度安排来改进金融监管》，载《杭州金融研修学院学报》，2004（6）：62-64页。

［43］彭婧妮：《对证券公司违规行为监管的分析》，复旦大学硕士论文，2012。

［44］强力：《金融法》，583页，北京，法律出版社，2004。

［45］屈延文、王永红、韩纬玺、南相浩、林鹏、王贵驷：《银行行为监管——银行风险监管信息化和银行信息化风险监管与安全（金融信息化技术2004·海口论坛主题报告)》，载《华南金融电脑》，2004（7）：2-8页。

［46］尚福林：《保护金融消费者权益是监管者的重要使命》，载《人民日报》，2013-02-05，012。

［47］孙嘉蔚：《第三方支付金融监管的法律研究》，兰州大学硕士论文，2012。

［48］王国成：《当代行为经济学：挑战、应用与借鉴》，载《北京联合大学学报（人文社会科学版)》，2005（2）：65-71页。

［49］王华庆：《关于金融消费权益保护的思考》，载《金融时报》，2011-11-20，001。

［50］王华庆：《论行为监管与审慎监管的关系》，载《中国银行业》，2014（5）。http：//www.zgyhy.com.cn/hangye/2014-06-16/821.html。

［51］王华庆：《银行业金融创新审慎监管问题》，载《中国金融》，2010（9）：12-15页。

［52］王亮：《我国混业经营下金融监管模式研究》，哈尔滨工程大学硕士论文，2007。

［53］王勤：《基于消费者保护的金融监管研究》，武汉大学博士论文，2010。

［54］王永龙：《提升我国金融监管效率的对策探析》，载《中国经济问题》，2005（4）：61-67页。

［55］魏丽娜：《我国保险监管模式研究》，山西财经大学硕士论文，2012。

［56］吴风云：《证券市场监管论》，四川大学博士论文，2002。

［57］吴素萍、徐卫宇：《功能性金融监管的理论与框架》，载《经济导刊》，1999（6）：13-18页。

［58］伍巧芳：《美国金融监管改革及其借鉴——以次贷危机为背景》，

华东政法大学博士论文，2012。

［59］肖斌：《经济学与心理学的融合——行为经济学述评》，载《当代经济研究》2006（7）：23－26页。

［60］肖涛：《区域保险市场监管绩效评价指标体系构建》，载中国保险学会《中国保险学会学术年会入选文集2011（理论卷）》：371－387页。

［61］谢平、邹传伟、刘海二：《互联网金融监管的必要性与核心原则》，载《国际金融研究》，2014（8）：3－9页。

［62］谢云英：《我国混业经营趋势下的金融监管模式选择》，厦门大学硕士论文，2007。

［63］邢桂君：《我国金融控股公司监管研究》，载《金融与经济》，2008（6）：48－51页。

［64］邢会强：《金融法的二元结构》，载《法商研究》，2011（3）：84－90页。

［65］邢会强：《金融法理论的变革与"金融服务法"理论的初步构建》，载《金融服务法评论》，2010（1）：170－180页。

［66］邢会强：《金融危机治乱循环与金融法的改进路径——金融法中"三足定理"的提出》，载《法学评论》，2010（5）：46－53页。

［67］杨柏：《对证券市场欺诈行为监管的博弈分析》，载《重庆大学学报（自然科学版）》，2006（5）：142－145页。

［68］杨东：《论金融法制的横向规制趋势》，载《法学家》，2009（2）：124－134页、159－160页。

［69］杨子强：《完善地方金融监管体制》，载《中国金融》，2014（5）：72－73页。

［70］杨紫烜：《经济法》，47－48页，北京，北京大学出版社，2014。

［71］叶永刚、张培：《中国金融监管指标体系构建研究》，载《金融研究》，2009（4）：159－171页。

［72］易纲：《关于国际金融危机的反思与启示》，载《求是》，2010（20）：33－35页。

［73］袁新峰：《关于当前互联网金融征信发展的思考》，载《征信》，2014（1）：39－42页。

［74］张成虎、赵燕、李淑彪：《中国证券市场操纵及监管实践：评述与建议》，载《人文杂志》，2013（2）：35－44页。

［75］张金城、李成：《金融监管国际合作失衡下的监管套利理论透析》，载《国际金融研究》，2011（8）：56－65页。

［76］张强、张宝：《次贷危机视角下对信用评级机构监管的重新思考》，载《中央财经大学学报》，2009（5）：22－27页。

［77］张天祀：《我国金融监管体制改革的目标及路径选择》，载《中国金融》，2009（18）：71－72页。

［78］张晓朴：《互联网金融监管的原则：探索新金融监管范式》，载《金融监管研究》，2014（2）：6－17页。

［79］张学波、吴保根：《金融创新与银行监管的关系研究》，载《开发研究》，2009（3）：72－75页。

［80］张峥、徐信忠：《行为金融学研究综述》，载《管理世界》，2006（9）：155－167页。

［81］赵芳喜：《保险市场行为监管与消费者权益保护研究》，载《中国保险》，2012（11）：16－19页。

［82］赵峰、高明华：《金融监管治理的指标体系：因应国际经验》，载《改革》，2010（9）：48－56页。

［83］赵锋：《基层央行开展金融消费者保护工作存在的问题与对策》，载《柴达木开发研究》，2013（6）：33－35页。

［84］中国人民银行金融稳定分析小组编：《中国金融稳定报告（2014）》，145页，北京，中国金融出版社，2014。

［85］中国人民银行金融消费权益保护局局长焦瑾璞在2014互联网金融创新与法制论坛上的发言。

［86］周荃：《从倾斜到平衡：论金融消费者权益司法保护理念建构》，载《证券法苑》，2012（2）：548－561页。

［87］周小川：《金融政策对金融危机的响应——宏观审慎政策框架的形成背景、内在逻辑和主要内容》，载《金融研究》，2011（1）：1－14页。

［88］朱爽：《中国金融深化条件下银行监管模式选择研究——基于银行混业经营的视角》，西南大学硕士论文，2009。

［89］　Dirk Schoenmaker. The Financial Trilemma. SSRN Working Paper Series，2011.

［90］　Joseph E. Stigliz. Why the Government Intervention in the Economic：The Role of Government in a Market Economy. Beijing：Supplies of China Publishing House，1998.

［91］　Nier，Erlend Walter. Financial Stability Frameworks and the Role of Central Banks：Lessons from the Crisis，IMF Working Paper 09/70，International Monetary Fund，April 2009.

［92］　Ramiro Tovar Landa，Efficiency in Financial Regulation and Reform of Supervisory Authorities：A Survey in the APEC Region，August，2002.

［93］　Richard A. Posner. Economic Analysis of Law. Beijing：Encyclopedia of China Publishing House，1997.

二、法律条文

［1］　《中国人民银行金融消费权益保护工作管理办法（试行）》，2013 - 05。

［2］《2013 年第二季度中国货币政策执行报告》，2013 - 08。

［3］　《国务院关于同意建立金融监管协调部际联席会议制度的批复》，2013 - 08。

［4］《石景山区支持互联网金融产业发展办法（试行）》，2013 - 08。

［5］《海淀区关于促进互联网金融创新发展的意见》，2013 - 10。

［6］《关于支持中关村互联网金融产业发展的若干措施》，2013 - 12。

［7］《天津开发区推进互联网金融产业发展行动方案（2014—2016 年）》，2014 - 02。

［8］　《深圳市人民政府关于支持互联网金融创新发展的指导意见》，2014 - 03。

［9］　《广州市支持互联网金融创新发展试行办法（征求意见稿）》，2014 - 06。

［10］　《关于促进广州民间金融街互联网金融创新发展的若干意见》，2014 - 07。

［11］《广州市人民政府办公厅关于推进互联网金融产业发展的实施意见》，2015－01。

［12］《关于支持贵阳市互联网金融产业发展的若干政策措施（试行）》，2014－06。

［13］《关于加快互联网金融产业发展的实施办法》，2014－07。

［14］《武汉市政府关于支持互联网金融产业发展实施意见（征求意见稿）》，2014－08。

［15］《关于促进上海市互联网金融产业健康发展的若干意见》，2014－08。

［16］《长宁区关于促进互联网金融产业发展的实施意见》，2014－09。

［17］《黄浦区关于进一步促进互联网金融发展的若干意见》，2014－12。

［18］《鼓励发展新型业态和商业模式若干政策措施》（青岛市），2014－10。

［19］《成都高新区推进"三次创业"加快金融业发展的若干政策》，2014－11。

［20］《关于规范发展民间融资机构的意见》（湖北省），2014－12。

［21］《温州民间融资管理条例》《温州市民间融资管理条例实施细则》，2014－03。

［22］《杭州市关于推进互联网金融创新发展的指导意见》，2014－11。

［23］《浙江省促进互联网金融持续健康发展暂行办法》，2015－02。

三、网址

［1］网贷之家网站：

http：//shuju. wangdaizhijia. com/industry－type－2－2－2015. html

http：//www. wangdaizhijia. com/news/baogao/16305. html

［2］凤凰财经网站：http：//finance. ifeng. com/a/20140116/11483081_0. shtml

［3］壹零财经网站：http：//www. 01caijing. cn/html/zc/1439_8230. html

［4］未央网网站：http：//www. weiyangx. com/125826. html

［5］焦瑾璞新浪微博：http：//blog. sina. com. cn/lzbr

后　记

　　近几年，我一直在研究和实践上跟踪金融行为监管体系课题，并积累了一些资料和研究心得，在我的提议和组织下，成立了"构建中国金融行为监管体系研究"课题组，开始进行系统研究。

　　我和天津财经大学高正平教授决定将课题组部分成果公开出版，并提出《构建中国金融行为监管体系研究》一书的编写框架和结构安排。写作的具体分工如下：第一章由南云僧、刘姗共同撰写；第二章由南云僧、杨帆共同撰写；第三章由董运佳撰写；第四章由李艳红、杨帆共同撰写；第五章由余大胜撰写；第六章内容由多人共同完成，其中，董运佳负责第一节，孙金帅、段东晖负责第二节，余大胜、杨帆负责第三节，丁化美、南云僧、刘姗负责第四节，王汉昆负责第五节，余大胜负责本章专题部分；第七章和第八章由南云僧撰写。我与高正平教授负责内容的总体把握和全书的整体设计，并对各章节的写作给予具体的指导。最后由我负责全书统稿、后期校改、最终定稿。

　　在全书写作过程中，参考了国内外相关文献资料，在此向原作者表示诚挚的谢意。在写作调研过程中，得到了诸多专家学者、监管部门领导以及银行、证券、信托、互联网金融等多方业界人士的支持和帮助，在此一并表示衷心的感谢！

焦瑾璞

2015 年 9 月